元脱脱等撰

宋史

第一八册

卷二一八至卷二二一（表）

中華書局

宋史卷二百一十八

表第九

宗室世系四

嘉國公	世䟣			
右班殿直令齎	朝請郎令龜	朝散大夫令傔		
		右宣教郎子嶷		
		伯琁		
		師梲		
		希爽		
		與絺	與紋	與綵

												伯域		
師渠	師槃							師梮				師柄		
希熇	希霝	希霆				希露	希霈	希砏	希碤	希灑	希确	希烗	希溝	
		與堵	與境	與⿰土兹	與⿰土察						與⿱山貝	與衢	與僇	與徽
											孟徹			

							通直郎子⿱山方			修武郎子嵸		
							伯珊	伯瓏	伯珧	伯琢		
			師櫓			師楀				師榛	師棬	師杓
	希減		希焟		希⿰火夋					希湝		希炦
與⿰亻魚	與條	與僵	與圢	與墂								與渓

				希塑		
			師櫻			
		伯珽	師槢	希涒		
			師櫛	希漇	與栫	
					與榆	
			師槿			
			師櫔	希澺		
			師樬			
			師榫			
			師梣	希瀼		
				希湰		
			師梫			
						諡忠愍武節郎
令晟	子嶔	伯璉				
		伯瓓	師爨			

			伯琅									伯珌		
		師玾	師琖		師沼		師渚					師滭		師閒
希湕	希瀶	希洱		希檏	希栶	希臺	希瑊	希峙	希崌	希崘		希蚨	希眭	希暤
											與坮	與坍		與歷

承事郎	令[illegible]	贈少師贈通議	令衿								
			大夫子	覺							
				伯禽							
				師濂	師濟			師涑		師溪	師浹
希澴				希瑂	希瓛			希瑛	希玎	希櫞	希梅	希墍
					與崠	與嵺	與崍	與欙	與芹			

		伯鸞			伯麟				伯鳳			伯熊	伯鯉	
		師雋	師滃	師涇	師君	師峮		師呰	師禮	師澢	師福	師鍋	師曄	師晫
希塱			希嘐	希琇		希佇	希倣		希檏	希琱	希增	希淞	希桌	
與嵩	與崋									與涏	與誠		與檷	

伯駿	師曬	希知
		希僴
	師喚	
伯虬	師芬	希瀻
	師蓁	希湖
		希瀯
	師芷	
伯犀	師柟	希熼
	師縱	希黿
	師樫	希鐷
		希鎟
	師權	
	師棨	
	師栛	
伯馭	師譁	

右侍禁令蕃
左承議郎令結

從義郎子倆

伯鹿　伯騁　伯彷

師約　師詗　師詹　師讋　師誓　師䜷　師訑　師潛　師簉　師篹　師篆

希眮　希哺　希畊　希瞵

									彭城侯	世枚				
									贈奉直	大夫令	譬			
											子點			
伯翥							伯衢	伯術			伯授			
師漪						師溥	師淳	師週			師瓌	師璨		
希璺	希罷		希霤	希霧	希霞	希淍	希⿱雨塵					希佩	希⿰亻身	希依
	與炟	與烻	與烷	與⿰火咸			與燐							與⿺辶侖

						伯楫							伯擬	
			師瑁	師瓘		師珍						師珞	師玲	
希序	希還	希坱		希僙	希假	希償	希俯	希偟	希儈	希傭	希假		希佻	
	與右							與篴	與遼	與遃			與嘻	與吉

				師璕				師玻	師珊	師佩				
希俚		希便	希倅	希化			希儈			希儋	希僇	希例	希容	希憮
與吟	與稭	與嚙		與誧	與詻	與謰	與訴				與墿			
					孟漁									

								再贈朝議大夫 子黯				
								伯總				
	師⿰王后							師蒯				
希⿱⿰犭炎心	希倡					希儴	希俛	希混				
	與賑	與晾	與骿	與賙	與暐			與檅		與杭	與栱	與檉
								孟熄	孟焯	孟⿰火肯		孟煝

								師蔡						
	希濬							希河						希泯
與柯	與楙		與棫	與榛		與檦	與礽	與榎	與梗	與栩				
	孟焯	孟烓		孟燧	孟煓	孟燽				孟炘	孟炑	孟燭	孟卿	

								伯攄						
師黃				師若				師珈						
希汲			希漣	希磷			希濱	希蕩			希沱		希湄	希浥
與楷	與柲	與榼	與櫝	與柑	與橽	與櫬	與桀	與福	與楸	與樸	與祿	與樓		與橡
		孟烯	孟焞											

			希溟	與桍	孟炷
				與栒	
	伯檍	師莢	希浣	與渠	
				與槽	
		師琇	希灕		
			希涂	與槮	
		師球	希淡		
		師琡			
	伯棣				
	伯紀	師芇	希霄	與橼	
				與櫂	孟驥
		師芑	希溧		
贈通議大夫子勬	伯振	師皋	希韻	與櫰	孟鄁

							伯挺					伯掄		
				師宓			師井					師櫶	師棅	師辰
				希注	希淅		希誼		希譁		希設	希汯	希洍	希侁
	與禾	與穰	與杙	與槎	與稂	與穋	與俓	與欿	與薹	與垔			與壠	
孟邽														

贈通直郎子钃											
伯揞						伯掎	伯抬				
師羣				師圻	[illegible]	師瑲	師柯	師校	師椅	師淞	
希鄜	希代	希御	希枝		希祚	希鄭				希曠	
與櫻	與檝	與樛									

					齊陽侯從穎		
					右驍衛大將軍世諡	少師昌國公世膺	
				右班殿直令堘	太子右監門率府率令業	東頭供奉官令確	贈武經郎令討
			子默				成忠郎子瀷
師稽		師鐵					
希涫	希滴	希漕					

贈正奉大夫子淳

伯炎

師忝　師忩　師戇

希吉　希音　希柄

與侔　與僀　與偮　與偵　與僶　與倨　與迴　與墅　與壆　與堊　與埊

孟噉　孟眪　孟鐮　孟鍪　孟鎜

			伯戔											
			師愭											
希攄			希⿰土堂				希墦	希坑	希堉		希塀	希圪	希壜	希⿰土長
與埿	與塗	與墨	與緮	與絺	與綖	與綝			與鈹	與鏍				

			伯昌	伯翏				伯喆						
	師恭	師愻		師憓			師志	師悉					師懕	師悆
希坏				希咈		希咦	希唐	希詻	希諡			希譸		
				與僮	與徐		與腛	與係	與垩	與垘	與𦈌			

							子澤		贈修武郎子源		成忠郎子洪			
					伯呂						伯所		伯儔	
師⿱代心				師態	師⿱夾心	師意					師⿱宀意	師戀	師御	
希听	希⿰口亩		希⿰口昱		希軹						希珀	希答	希倎	
與壍	與堤	與圩											與⿰氵⿱罒昜	與⿰礻希

左侍禁令鄰	贈奉直大夫令玲				
保義郎子沖	加贈少師子濤				
伯拜	伯正	伯[礻肅]			
師淞	師誅	師燿			
希枳	希杶	希坙	希璧		
與荇	與茁	與鑗	與鋚	與鋻	與鏖

師愿	師燏		師燁											
希至		希垩	希酲		希⿰酉達	希坒		希⿱巠土				希⿱丘土		
與鑯				與鐳	與鍪		與鈘	與銑	與鐽	與鉩	與鈱	與鎏	與釗	與鑾
							孟準					孟汲		

承節郎														
										伯摶	伯圭			
	師燚	師樵	師燮	師光			師熏		師哭	師烋		師烝		
		希坎		希奎	希墥	希壜	希垺	希堞	希塖					
								與礩					與鎦	與鏄

						朝請郎令答					左朝奉大夫令湿
子潨					子津	忠翊郎子澄			子澟		右迪功郎子洱
伯棣				伯祖		伯閫		伯衞	伯林	伯羽	伯瞻
師熛	師燔		師烱	師□		師康					師鍴
希墰	希堦	希壨				希鎮	希鍗				
與鍱		與鐳									

						贈朝奉大夫令錡						
					子滌	修武郎子灝						
			伯楷			伯供						
師鏞		師鏃	師檦	師迦		師鋶						
希瑢	希瑛					希儒					希磬	希資
						與鑇	與鈈	與鑯	與銡	與鈌	與錀	與鍨
						孟渥	孟淍		孟洴			孟潔

師羲　師庸　師佾

希㞢　希賚　希㽞

與鑨　與鎡　與鍵　與鐁　與鈒　與鐭　與建　與蒲　與瑘　與琜　與叟　與[illegible]　與瑀　與瑍

							文林郎子淪						
	伯玕	伯軨				伯楡	伯櫰				伯柟	伯朴	伯枘
師爽	師熙	師湟	師淙		師滔	師贛	師僖	師戒	師尤	師錦		師焄	師煓
希訋			希灠	希溲					希濘				

		文林郎	子洞								
	伯機		伯柯								伯榛
師熑			師璇	師瑑							師銖
希璪			希巳	希祌		希遶		希迤		希逮	希迫
			與烰	與爈	與棣	與屺	與鏄	與鉴	與釪	與鉺	

與釙　與鋈　與鑒

贈奉直大夫令瀾　朝請郎令軸

從事郎子淙　修職郎子溥　從義郎子⿰氵那

伯从　伯朴　伯櫛　伯殳　伯槿　伯桐

師玩　師曠　師珽

希邃　希垷　希珈　希森

與釙　與淪　與漄　與霙

			朝奉郎令囉	贈宣奉大夫令諔				
成忠郎子逵	承信郎子慥	承信郎子邈		左朝請郎子湝				
				伯彬				
				師默			師麃	
				希逕		希⿺辶亞	希⿸厤土	希堅
				與伀	與僝			與□

											朝奉大夫子潍			
			伯綝									伯臨	伯壞	
		師涪	師黨	師魚		師熊				師烝			師臭	
	希埊			希墅	希趌	希潔	希抖						希垩	希塗
與紞	與縞					與瑫	與璩	與瑙	與職					

宣城侯從謹	廣平侯世崇	贈東平侯令蠙	奉議郎子瀰	伯達				
				伯适	師道	希堊	與晉	
						希淯	與諮	
							與譖	
					師逸			
					師遠			
					師邁	希援		
			贈奉議郎子沆	伯揆	師效	希閔		
						希瑨	與幾	
						希玗	與鑄	
							與填	
							與鉌	孟紋
							與錄	

						西頭供奉官子沇					右班殿直子浣	子淵
			伯振	伯捴			伯攄	伯擴				
			師初	師祖	師禔			師古	師哲	師善		
	希璯								希袓			
與鉅	與攈	與撚										

武當侯世祥	太子右內率府率令熾						
	贈高寧郡公令鼎〔一〕	三班借職子橫					
		從義郎子持	伯澄				
		子才					
		武經郎子椒	伯潛	師鉉	希鄭		
					希昴	與垒	孟薪
							孟奚
						與曩	
			伯厚	師茹			

						伯慥	師泰	希義	
							師恭	希參	與教
					左朝奉郎子良	伯溫	師垕	希裙	
						伯演			
					忠訓郎子莅	伯煇			
						伯棣			
						伯橝			
						伯濱			
						伯津			
					子由	伯鈞			
						伯銓			
				太子右監門率					

			少師昌國公世亨						
府率令搡			贈襄國公令禠						
子敏		子林	三班借職子璿	三班借職子琳	子玩	武顯郎子玓			
伯瑆	伯琮					伯臻	伯致	伯康	
								師鑑	
								希道	希澂
									與儔
									孟璨

			師鎰											
			希域							希圻		希埏		
與佺		與侄	與弁	與乘				與綱	與順	與準	與邊	與礪		
孟寔	孟宔			孟詳	孟誙	孟誌	孟諆	孟讜		孟逢		孟洸	孟澔	孟瀟

								承義郎子玗		左朝奉郎子琛		
								伯通	伯達	伯煥	伯炳	
									師慶		師殖	
				希堣	希地	希圻	希堭		希旦		希盆	
			與佺			與怈			與聚		與壽	與議
孟淘	孟湶	孟漻										孟武

								希艾						希暮
						與新		與蒻				與處	與漣	與譽
孟珹				孟璛	孟瑢	孟檡	孟櫏	孟朷		孟楙	孟遂		孟櫔	孟迈
由鉌	由錫	由鈾	由鑄		由鑒			由灊	由涵	由深	由浵			由璾

					文林郎子璵	累贈訓武郎子琮					
					伯顯	伯睬					
師慜	師志	師懃	師憖			師詎					
			希昆	希牂		希燧			希悌	希慄	
						與深	與繹	與洋		與濠	與瀆

	希戃	希怡						希惕			希性			
與漢	與儜	與倚		與俁	與僢	與僝	與俔	與相	與儳	與仳	與儠	與壖	與塚	與墻
		孟端	孟壨	孟瑁										

		師諶					師譔			師誠				
		希愊			希慊	希憓	希恩	希恮	希懼	希慶	希愖	希晛		希暚
與墱	與埒	與僅	與選	與偤	與洲	與濡		與逯	與涂		與錫	與邇	與蓮	與近
				孟滐									孟轞	孟野

														贈右奉
													伯果	
						師善								
	希晰	希瑆				希慨	希惟	希楡	希樺	希枱	希槻	希檑		
與遡		與玞	與璲	與瑔	與璣			與烷			與儫	與倈		

直大夫	令誑												
	左朝奉郎子招											贈太中大夫子瑗	
	伯街								伯銜			伯衡	
	師寮	師冠							師宷			師武	師言
	希深	希晙	希墼	希埤		希梲		希昕	希豐	希茨			
				與稻	與詠	與壂	與畱						

								伯衢	伯衕			伯衜		
師正	師暉							師泉	師洪	師澈	師湋	師寄	師檮	師垗
	希復		希佃	希偫	希佟			希杆	希倈	希瑎			希歡	希涇
	與銘	與釚		與鍼	與鏞	與鉏	與錁	與僳	與樢					
	孟玭													

										內殿承制令垣				
						子瑑				忠翊郎子照		承節郎子昃		子常
						伯衍	伯術	伯衙						
				師雷	師朧			師漉						
希潒	希潢		希淸	希䨞	希沰			希禮	希樸					
	與蕁	與葯						與楷						

									贈右朝散郎令讜	右班殿直令譁	
									左朝奉大夫子璋		子宰
			伯福						伯禔		
師規			師甡					師篪	師範		
	希似	希佇	希儱	希瀾				希洸			
				與[illegible]	與磴	與塀	與嶬	與壿			
								孟御			

					武經大夫令稽								
					子卻	成忠郎子紳				子緝			
	伯祚	伯禕					伯估	伯俊	伯儉	伯仁			
師籥	師符	師[illegible]	師篿	師筳			師超			師瑨			
希墉				希[illegible]						希逷			
										與[illegible]		與鐭	與錝
										孟潚	孟澠	孟溒	孟櫻

						武經大夫令巖					
				子紀	子經	子悛		子馳		累贈武義大夫子駿	
		伯傑	伯儐		伯貢	伯敭	伯斆	伯攸	伯政	伯敞	
	師琰				師秦	師高				師璲	
						希玲				希潼	
						與禛				與佋	與梯
孟榬										孟樟	

希潡					希淮		希淇	希澧						希湅
與伾	與佇	與佪	與僁	與欒	與棆	與柜		與鏗				與錄	與鐯	
			孟暄					孟顓	孟顧	孟顥	孟頙			

					師班							師封		
希浤	希濫	希漴	希忩	希滌	希瀠	希滈	希涓	希湜	希瀅	希汝		希濛		
		與詒								與諝	與向	與延		
												孟錟	孟鋺	孟釭

								希沆						
		與逕				與逭	與迎	與詵	與講	與訪				與源
孟金	孟鍼	孟梓	孟檇	孟槮	孟栳		孟槺			孟鎰	孟鏠	孟鏄	孟鏥	孟鏞

				希汶				希泮	希溥				希涘
		與詸	與誇	與諿	與鬴		與躡	與跘	與鐍	與倠			與瑼	與爰
孟鎦	孟鎮				孟俛	孟儒	孟伃			孟璧	孟茛	孟菀		

														伯徽
				師瑨	師瑺									師璠
	希濮	希泒		希沐	希湍						希瀜		希汰	希豊
與𤤃		與補	與䙡		與裕		與鏐	與祝	與禠	與淦	與賓	與窵	與寴	與儀
					孟遷	孟逡	孟忬	孟迩						

				師瑊				師玕				師確
				希宅		希卜	希[illegible]	希[illegible]		希[illegible]	希憴	希[illegible]
與傢	與僯	與僦	與[illegible]	與迲	與[illegible]	與[illegible]		與僾	與侈	與[illegible] 與[illegible]	與体	與檳
												孟僾

子騑														
				伯詇	伯恞			伯珍		伯璡				
	師誇	師設		師譯		師諧		師讚		師𠌫				
			希讌	希房			希唫	希頫	希淊	希涇	希矻			希禕
										與鏋	與樠	與䆛	與栳	與槷

子駣	子驊	承信郎	子騰	子駉										
				伯㲉							伯敉			
				師敭			師暄				師銅			
				希渚			希濦	希濳	希澓	希澢	希𨍪	希堣	希壉	
				與逯	與逾	與邊							與櫚	與榽

修武郎令湝　武翊大夫令觧

再贈朝請大夫子維

伯栩

師綜　師鉤　師渭　師林　師森

希堬　希圳　希檖　希梅　希杯　希欄　希邈　希遽　希鐔　希鑕　希遺

與堙　與爻　與史

孟澎

								伯桂		伯檮	伯櫟	伯檜		
		師減						師鋑	師鑇			師澡	師瀷	師潤
	希送	希迄	希边	希迭	希遷	希迲	希遂						希鑒	
與叟			與玏											

				承信郎	子繹	子約	忠翊郎	子綱						
	伯桎							伯夔	伯銅					
師滐	師瀾	師洧	師漋						師拭	師提	師掄	師拒		
			希烤						希柷			希樋	希掴	希樺

修武郎令橡	贈直龍圖閣令佳				
子紀	承節郎子普	承信郎子渙	迪功郎子彝	文林郎子异	
伯輝	伯焯	伯梓			
師操	師揩	師璦	師衙		
希櫪	希樎				

馮翼侯世陟

贈房陵郡公令疎

忠訓郎子瑳　訓武郎子瓚

伯熏　伯爌　伯昪　伯昇　伯晟

師𤦛　師𤩽

希雋　希傍　希歸　希豐

與願　與頌　與顗　與穎

孟賽

	成忠郎子瓘					子瑎	子瑱	子璡	贈武翊大夫子瑋		
伯昇	伯充								伯惹		
	師錬				師諗				師蒼		
	希珪			希琳					希欂		
	與岳	與滜	與澴						與璞	與戢	與塘
	孟儼								孟煜	孟□	

伯悠	伯感													
師遲	師護	師東	師蓺						師石					
希[山宛]	希嶬	希葯	希衙	希悎			希嵤		希罍	希[氵以]		希沬	希激	
			與詁		與櫰	與杄	與橞	與榱	與櫰	與□	與檡	與橰		與垷

成忠郎	子璡													承節郎
	伯驢		伯烝										伯忌	
	師漸		師賓					師亮						
	希朝	希洛	希恭	希慧	希㥁			希賨	希㝀	希檄	希寷			
			與溱		與湊	與淡	與鍇				與璦	與溶		
			孟滐											

			從義郎令□	左侍禁令舟	武翊郎令熯	武經郎令捬	武翊郎令儷	
子瑛	成忠郎子耳		子游	承節郎子志			承直郎子立	子建
	伯仁							
	師賁	師艮						

華原郡公世雱				
東陽侯令率				
右班殿直子琇	右班殿直子珙	武德郎子琩		
伯彬				
師鎬	師敫	師誂		
希譱	希詇	希寯	希懇	希浹
與垍	與埈	與謳	與誕	與稄
與岑	與付			
孟傛	孟佩			

		伯材												
師暹	師褭	師徵									師袷			
	希歷	希畢	希復	希趾	希尤			希竦	希諏		希玔			希瓘
	與紩				與皓	與暇	與嘒		與矚	與皤	與璚	與鍈	與諢	
							孟霆				孟檟	孟徫		

伯松									伯樵					
師檜	師式	師聞	師幹	師聰		師友		師覲	師澾	師溶				
		希輗		希軷	希軛	希諿	希[illegible]	希諫		希忼	希儲			
								與瑧			與睭	與鏑	與錍	與[illegible]

				師準										
希俽	希僁	希鋝	希佾	希矜				希荆	希悔			希涫	希泿	希傳
		與灂		與銀	與錬	與鑲	與鍥		與珢	與汋	與玗	與鈆	與栒	與栶
					孟涼									

		師灆	師洁										師朔	
			希淍	希椌	希枎	希优	希倰				希跂	希儜	希僯	希晦
與桎	與椳		與汏				與檯	與楹	與櫞	與樫				與琜
														孟賦

贈右屯衞大將軍令瑀
安定郡王、贈太師令時

承節郎子瑞
子瑤
宣敎郎子筥
右朝奉大夫子

伯樺
伯機
伯梴
伯標
伯枅

師安

希鄙

										少師、榮國公世
										太子右內率府
鏇			贈開府儀同三司子筠					迪功郎子籌	子栄	
伯權			伯柷				伯撫	伯椷		
師會	師周	師伊	師鼎		師豫	師遁	師粹			
希綿	希檖		希賁	希薌	希藩	希蘂	希濆			
				與潰						

恬													
副率令	幼	贈博陵侯令莘											
		再贈少保子鉉											
		伯璹	伯琥			伯瑨							
			師協	師龍	師德	師忕							
			希沂			希逡					希週		
			與稷			與份	與儼	與攸	與侑		與俊		與仔
								孟續	孟琇	孟瑯	孟繹	孟絟	孟約

					師皋	師卨		師禹					師盆	師萊
						希遳		希迂	希逢			希邇		希潍
與佑				與任		與作	與伸		與倬		與僑			與仕
孟純	孟綱	孟縯	孟綰				孟紀		孟緒	孟紳	孟縉			
									由寔					

		伯瑊							伯珛					
		師謦			師喆		師合	師磬	師豊					
	希遪	希逅	希逭	希達	希杓	希潠	希灼		希澗			希淋	希楷	
與侂						與傷			與諦				與譜	
						孟境			孟煌	孟[火卿]	孟炵		孟溙	孟潭

		孟湘	由鑽
	與誠		
	與禔		
	與諗	孟激	
	與諫		
希溢	與讀	孟俱	
		孟傒	
		孟條	
		孟儗	
		孟偰	
	與詥	孟桂	
		孟楊	
希汭	與招		
	與㨷		
	與扞		

	伯璋	伯琉								伯珪	伯琳	伯璔		
		師弈					師弻					師紋		
希櫓		希眞	希溥				希謠					希悳		
與賁			與瞅				與佛	與偆	與徑			與賫	與矇	與贓
			孟伶	孟傷	孟侊	孟徽								

贈右屯衞大將軍令經						太子右內率府
右班殿直子鑑	武節郎子鈁			宣敎郎子鎬		
	伯佑	伯憩				
		師⿷匚西	師徽	師⿰金瓦		
希緦				希壔		
與賈						

副率令	爗	贈嘉國公令晙							
		左班殿直子殳	再贈太中大夫子箎						
				伯驥	伯駒	伯驎	伯騏	伯驌	
					師舒			師罼	
					希烝			希蒼	希虡	希祜
					與道			與虆		與慇
								孟悛	孟鱒	孟竦	孟蹬

			師弇	希唫	與遾	
		伯騂				
		伯驄				
	成忠郎子友					
贈和州觀察使令穡	左朝請郎子泰	伯蘧				
		伯葵	師珸	希濼		
				希鉥		
			師玥	希鏞	與僮	孟壞
				希錄		
		伯葦	師賢	希璂	與銆	孟緯
						孟綸
						孟紹

訓武郎子春

伯強　伯頎　伯達

希珩

與鑼　與谿　與樲　與榑　與㭘

孟紵　孟濼　孟洴　孟泎　孟淳　孟汸　孟濵　孟淵　孟瀁

贈吉州刺史子青	伯梁	師畀			
		師异	希稷		
			希檥	與莚	孟垔
		師猝	希檀		
	伯建				
	伯縉				
	伯驛	師摒			
		師异	希烇		
	伯寓	祴	希熇	與庲	
			希烶		
		師卑			
		師荃	希熘		
			希燃		

			贈英州防禦使令俌							
		承信郎子悫	朝請郎子巽				從義郎子戴			
			伯墉				伯仁			伯義
			師鏻		師仁	師用	師嶟			
希熫			希瑆	希畤			希諶	希訛	希誣	
與便	與佇		與伶							

贈武翊大夫子巽												
伯濟												
師伋								師約				
希珹					希璜		希溋	希李	希炘		希熠	希烓
與棨		與燦		與楁	與枌	與枋	與檮		與橅	與栫		
孟熚	孟卑	孟鑒	孟鐵		孟焴							

						伯涇				伯滋				
				師況	師倞	師訴				師皋	師湊		𦨴	師喦
希燭					希璘	希煇		希熾			希擻	希掏		希拓
與朵	與樺	與桾	與採			與迾		與洌	與遷					
						孟壕	孟堘							
						由鏦								

					左班殿	直令緄	右侍禁	令注						
					成忠郎	子瀾	忠訓郎	子轂						子邕
伯溱				伯滄				伯苹						
師⿲言月刂								師能				師德		
希燔		希⿰火矣	希爔					希執		希僻	希尅	希原		
與邅	與逞							與璧	與歸	與⿰土雚		與坎	與峙	
										孟鋹				

贈吉州團練使令戣			宣德郎令湑	贈武義郎令儲				
成忠郎子鉊	保義郎子德	子輿		忠訓郎子燾	武德郎子玦			
					伯覺			
					師宋			
					希順			
					與優	與儨	與俥	與倈
							孟盎	孟汎

朝議大夫令驫從義郎

伯學

希宣 希倅 希虎

與俸 與儲 與儆 與偓 與悟 與忻 與悌 與悅 與彷

孟汧 孟濆 孟瀴

令各從義郎	令葝												
	子程												
	伯黼						伯滐	伯滓					
	師嶽	師峽			師岫	師嶧		師詹					
		希瑓						希瑁	希棶	希櫺	希棕	希栧	希椊
		與賕	與䁯	與脉									

濟陰侯世統						
贈吳興郡公令□						
修武郎子鷴	通直郎子暐					
伯椣	伯霆	伯霑	伯雷			
師弁	師爽	師俄	師鏑	師傜	師佩	
希榱	希櫝	希溙	希櫟	希朵	希峀	希睿
與洳	與漣					

從義郎

師任　師伏　師信

希𤩴　希玎　希鎬　希鉀　希錄　希鄒　希鋘　希鋋　希鍄

與池　與涯　與汗　與顴　與顧　與滐　與灤　與湳

子昞														
伯霖											伯霽			
師仁						師侍					師依			
希籛				希籥	希管	希迾	希逍			希週	希琅	希璀	希[illegible]	希悱
與逸	與逮				與藡	與璜	與瑭	與璪	與玗					
孟洢	孟漋						孟檼	孟榘	孟欇					
由[illegible]	由熄	由炃	由烇											

			子暉武經郎										
			伯攄										
			師侗			師俠			師攸			師翰	
希怈	希悁		希諫	希謨		希訦		希訥	希律	希諰	希許	希瑃	
	與負	與癸		與沔		與滈	與濘		與冲	與湅		與潰	與沆
				孟珊	孟鈊							孟泭	孟擬

										贈昭化軍節度使令修	
									成忠郎子曜	從義郎子溫	
	伯擴				伯揆					伯濡	
	師仲	師仰			師健					師優	
	希安				希從	希循	希遂	希運		希憲	
與涗		與洙	與泗	與沚		與渝	與浣	與涀		與逑	與逯
		孟睞	孟琮	孟琦		孟柔	孟檞	孟柳		孟烈	孟芒

					伯澾									
				師瑺	師璜				師僑					
希澑	希懫	希慄	希沄	希湝	希淞	希萊	希蘠	希䔿	希□	希寓	希寀		希蒞	
			與秐	與燃		與栜			與鑾			與企	與奩	
													孟沐	孟芊

								希滮		
								希瀧		
							師琮	希鷹		
								希懃		
							師珣			
					武翼郎子淵	伯璘	師速	希樾		
								希埜		
							師進	希珅		
						伯瓌	師南	希環		
								希彪		
								希先		
								希韶		
								希圓		
							師鼐	希陟	與叶	孟迥

		伯琮												
		師苟	師雄	師瑀					師柖	師水				師宥
希楊	希張	希錫		希鈜		希鍉	希燡	希錠		希嘩			希迖	
				與烯	與彬					與原	與饒	與澄		

		贈武翊大夫子漸										
伯廩	伯序	伯禳							伯祿	伯祉	伯禧	伯從
		師鍵								師巖		
		希⿰王孱	希徯		希僊	希⿰彳俞	希傅	希⿰彳合				
		與⿱宀玩	與青	與⿱宀夔	與寍	與机	與宝					

武翊郎子淜

伯鈞　伯鐸　伯鉅

師邁　師逌　師迵　師迋　師⿺辶交　師舜

希砮　希磬　希礐　希囂　希邦　希璗　希慮　希涉

與杼　與梌　與椹　與檥　與榰　與梭　與⿰禾宅　與秴

孟㬎　孟熙

加贈武經郎
子湘

伯鑄 伯鎔 伯瀏

師琳 師奧 師奕

希駒 希漁 希備 希倌 希侶 希仴

與溹 與澤 與儶 與熮 與爈 與烋

孟熷 孟熺 孟炆

														武翊郎
													子澤	
	伯然													
師柴	師旦			師上	師里									
	希茭		希蓍	希蔡	希今		希蕃	希川				希筴		
	與齫	與戩			與憖		與被	與橺						
					孟塺	孟墍		孟錸	孟耎	孟熛	孟烶			

令儴

校勘記

〔一〕贈高寧郡公令鼒　按本書地理志無「高寧」郡名；本表及宋會要帝系宗室封贈高密郡公者屢見，而無「高寧」。此處「寧」字疑爲「密」字之訛。

宋史卷二百一十九

表第十

宗室世系五

博陵侯從質							
南康侯世哲							
贈高密郡公令僎							
贈咸德軍節度使子莒							
		伯通					
		師洙	師潛			師涀	
		希曾	希果			希遷	
		與晙	與名	與誥	與噂	與洎	與洢
		孟傑		孟錠			
		由豔					

					伯逵									
					師泗	師淵	師鑣							
	希任	希備	希倖				希喩							
與潼	與旼		與濮	與滐			與懇							與愳
							孟漩			孟佟	孟佸	孟偘	孟倈	孟璔
							由檡	由梓	由機	由偕		由楄	由櫪	由炤
								宜燧						

伯逸														
師律			師鑠	師卨	師稷									
希瓌		希昭	希[口㐱]	希如		希傻		希台						
與道	與玭	與涌				與佯	與愿	與懸	與甜		與憝			
孟俊								孟洐	孟琡	孟珏	孟瑛	孟瓗	孟璫	孟璭
由綺									由榛		由樟		由熛	由煇
													宜福	

				師洞										師漢
		希琮		希璵						希珎			希瑤	
與周	與栝	與蕳	與棆	與琦	與楝		與棣	與柄	與柱	與標	與梅	與桄		
					孟坏	孟貸								
					由慧									

伯辿	伯迵	伯适												
師潑									師譓				師訒	師旦
希珎			希琉				希瑄		希瑀		希璡		希璠	
							與賡	與儵	與友	與墐	與墊		與堂	
				孟熏	孟烝	孟熙	孟淵					孟錦	孟鈺	
					由迾								由瀶	

			希璭		
	伯逑	師定	希騏	與珊	孟濩
					孟湓
				與晃	
				與昊	
		師申			
贈通直郎子華	伯遵	師文	希亶	與璘	
			希靖	與勝	
				與遜	
				與貴	
			希顒		
		師交	希邵	與閗	
			希堤	與倍	
				與儂	

				右班殿直子荀	左班殿直子芊	累贈武義大夫子蓋				
						伯追				
						師津		師節	師溽	
	希肅	希康	希定			希佖	希偤		希偘	希俓
與倕	與山	與珣							與慤	

									高密郡公世京				
									高密郡公令敎				
						子伸	子茂	子蔚	封華陰侯子雲				
					伯造				伯維	伯漢			
師得	師淇		師泗							師緒			
	希僐	希偂	希宧	希宔						希迪			
										與淸			
										孟松			孟擬
										由燧	由煥	由熺	

		伯理												
		師尹											師仆	
		希伋				希侂							希侈	
與浚	與寧	與廉	與章	與廩	與膺	與逢	與藹	與遷				與邊	與慥	
孟洋		孟僳						孟汝	孟瀸	孟溪	孟泞	孟潮	孟槐	孟槦

		伯積	伯寧											
			師𤝣											
			希評									希藻		
與訒	與斌		與政	與譚		與蓁			與禧	與喆	與得	與式		
孟播	孟椽			孟倷	孟傔	孟侇		孟儲	孟僟	孟偡	孟僆	孟遃	孟遈	孟邅
						由鉉	由鍈							

						師賦								
		希癸				希本								
與工	與僧	與質	與贊	與賓	與餐	與孚		與淳			與季	與游	與斆	與欽
孟遡		孟僕			孟㣚	孟濼	孟荓	孟栞	孟槃	孟棣	孟詒			孟譀

														伯端
														師綽
	希莘								希早	希辛			希幸	希鳳
	與鄧	與經	與彣	與衜					與雅	與榦	與栦	與杒	與訒	
孟許	孟直		孟僦	孟僕	孟代	孟傯	孟備	孟儩		孟磅				

師壽	師魏													
	希政							希霓						
	與猷	與陽					與椿	與頤	與事					與澤
	孟適	孟珌	孟琬	孟璉	孟琉	孟璻	孟瑤		孟邁		孟遵		孟□	孟逍
			由顒			由淀			由瑽	由璣	由泌	由漯		由仞

			伯椎	伯益	伯敏									
			師聖		師弼						師列			
					希怨						希皋	希瑱		
	與絜	與洌			與柚			與榑		與橄		與炥	與烴	
孟⿺辶無	孟遡				孟⿰氵急	孟激	孟淋	孟⿰氵嚴	孟凝			孟⿰土匋	孟略	孟唻

	伯鎮	師倫	希沼	與櫄	
	伯震				
武翊郎子思	伯誠	師仁	希洽		
			希淐	與錡	孟瑯
					孟瑳
				與鎦	
				與鐉	
				與鑌	
				與錥	
				與錤	
				與鐌	
	伯敏				
修武郎					

子泰				忠訓郎子才	秉義郎子言	子信	訓武郎子元				
伯幵	伯茲		伯羽				伯嚞	伯嘉	伯曈		伯暎
	師寧		師翼						師埈	師堉	師坏
	希恬		希諝							希溢	希欽
	與靚	與輇									與瑢
	孟璠										

子山	秉義郎													
伯俊					伯志									
師道		師嶼	師韶		師鳳	師圻	師坡		師塽		師墇		師塏	
希鑣			希備	希輕	希轓				希滓	希謙	希漣		希錯	希迴
與墠					與諳			與晉	與高			與哲	與砮	

					伯偃									伯傅
					師文			師周				師謨		師貴
		希冬		希鋟	希淵		希瀋	希槀	希麟	希濟		希檡		希機
與堰	與堔	與盛	與豆		與悏	與憪	與橊		與留	與驌	與禳	與鈔	與猱	
孟晭		孟淀												

				忠訓郎	子咎	從義郎	子紳							
					伯仁		伯偏							
師日		師革			師威		師撝							
希穆		希稷					希子		希涗		希滐		希瀰	希潏
與僂	與衎	與愊	與慓				與康	與寰	與寡	與寵	與寓	與峯		與壐
	孟錘	孟橘					孟懷			孟悟				

							訓武郎子由						
							伯倚						
		師樽					師瑠				師塈		
		希濯	希澣	希滌	希灡	希湶	希鉘	希鍇	希鏓	希鈿	希鉦		
與宧	與[illegible]								與咏		與滮	與瀷	與汰

太子右內率府副率令楮

伯付

師增　師玞

希鏈　希鉞　希鎌　希釭　希鍠

與泙　與洱　與瀙　與洅　與泝

孟稭　孟秳

贈南陽侯令湑											
武經郎子罕	右侍禁子仁										秉義郎子常
	伯善	伯壽					伯求	伯慶	伯通		
		師華	師邁						師是		
			希直	希珷	希劓	希玢			希掖		
									與䜉		
									孟衎	孟衜	

贈武經郎子通	訓武郎	子歎	左班殿直子興	承節郎	子亮									承節郎
					伯益	伯越								
						師恕				師愙				
						希[王吳]	希騵			希僎	希紱			
						與[礻咸]	與[礻巽]	與祊	與祲		與棆			
							孟珔							

贈華陰侯令坎	子哲					
	奉議郎子佑					
	忠翊郎子伋	伯玉				
		伯洪	師裾			
		伯淨	師玓			
			師玶			
		伯勇	師玫	希諭		
			師頤	希訥		
				希詃	與鑒	孟熽
			師珣	希諱		
			師璯			
		伯求				
		伯溶	師璪			

從義郎子偉	承節郎子仲											贈秉義
	伯揆	伯捄	伯握	伯拱							伯老	
				師滂		師城				師潤		
				希論		希檮	希傈					
				與弢			與銈	與銆	與鑠			
				孟珩	孟琧		孟濂	孟瀞				

郎子僚														
伯盆														
師袤													師煥	師煇
希薫	希苣	希蘭	希裻			希芷				希垌		希坴	希增	
與鈺			與鉞			與鏠	與金	與鋆	與鏖	與鎖	與鉍	與欿	與錆	
孟濂			孟柟	孟楥	孟梯	孟橦		孟秈						

										伯建				
師烜			師煌	師熺	師熉				師省	師光	師固		師熯	師燁
希坡					希塾	希埴		希培			希榕			希憶
與鑪		與錫				與鑝	與鐩				與堝	與垌		與遍
孟湶	孟泜					孟漕								孟永

						師煖	師燐							
				希坦	希僕	希烋	希迈						希享	希奘
與迋				與逭		與瀐	與輻		與輐		與轋		與隋	
孟杙	孟樸	孟榛	孟槄				孟澻	孟⿰氵宿	孟滐	孟涝	孟謑	孟訴		

伯損

師格　師采　師懽　師燭

希坌　希亞　希鑑　希墊　希璝　希瑺　希轙　希嶸　希昷　希麓　希兼

與儶　與企　與偃　與伯　與偶

太子右內率府副率令覊	贈武功郎令琦						
	忠訓郎子膺						
	伯晉						
師燧	師粹	師滕					
希轄	希耕	希瞻			希永		希庚
	與郴	與滏	與俉	與佔	與鐸		
					孟涀	孟湡	孟涺

													加贈太中大夫
			師駪										
希廙		希庇	希丘	希徐								希炎	
與琭	與窫		與僙	與撻		與攇		與拚	與擠	與扶	與控		
	孟爽			孟講	孟玗	孟琊	孟琖	孟瓚					
						由澳							

子慶														
伯鈂												伯鈽		伯銖
師洄					師溓			師浣	師淨			師沂	師涂	
希柖	希栭	希櫰	希欐	希檝	希杼	希桭			希柡		希楳		希棈	
		與燸			與熜	與燑	與炤		與煯	與炷				
					孟垩									

[ ]												
子			承信郎子庠	武翊郎子序							秉義郎子廣	
伯	伯鍇	伯銓			伯旹					伯習	伯昚	伯凱
師		師汝	師瀟		師滽				師諸			師弋
希		希檔	希榛		希睬	希樲	希櫺	希罧				希伴
與		與侢	與陖									

											敦武郎	令鉅		
						從義郎	子度		承節郎	子庚	保義郎	子章		
		伯登					伯鈞	伯昌				伯棟		
		師昕	師淪		師[illegible]		師淍					師志	師惻	
希佯	希衢		希[illegible]	希侫			希適					希猛	希璒	希琄
			與町	與煩								與璮	與䁙	
												孟鐏		

										右屯衛	大將軍	世侹		
								左班殿	直令佰	贈房陵	郡公令	休		
					子莘	子皋	子阜			太子右	內率府	副率子	演	贈金紫
							伯材							
希琟	希⿰王余	希玞		希璾										
與⿰耳尔		與員	與⿳來一貝											

光祿大夫子益	伯瑜	師仁	希坦	與郕		
				與厚	孟儆	
			希衍	與平		
		師份				
	伯琮	師晉	希照	與逑		
				與痗		
				與銲		
	伯璋	師耳	希聲	與方		
				與彭	孟錙	由濼
					孟銕	
			希是	與恩	孟鐖	由治
					孟鉦	
				與豐	孟鑌	由淄
						由淯

							左班殿	直子需	贈朝奉	郎子隨				
						伯琥		伯瓛		伯才				
					師序					師仟	師保			
	希釁										希近	希达		
與閭	與濐	與漪	與淨	與淅								與熛	與灴	
												孟桷	孟樫	孟棶

											伯琡			
											師信			
				希遯						希遊	希公	希椊	希祓	
		與烇	與熸	與晙	與曈	與晼			與昐		與嵗		與峙	與岠
孟樛	孟杬	孟杲				孟菁	孟炊	孟蕢	孟檠					

										忠訓郎	子栨			
			伯球								伯琳	伯瑛	伯瓘	
		師鄭	師化										師記	
希祕			希逯										希孳	希銓
與崐	與岎		與仝	與鄰	與臥	與戚		與辯	與厷					與惹
					孟寧	孟甯	孟宔		孟賓					

					贈富國公令挨							
			子履	子常	子右	子侁	贈武略郎子文					
		伯璪			伯望	伯隱	伯迪					
							師佖					
							希聲			希侯		
與繐	與恩						與盛	與泳		與組	與緝	
								孟淪	孟鉻		孟輖	孟軹
									由璲			

			師淏											
希賞		希戡	希敉		希諮					希記				
與緹	與纓	與絨	與蒹		與坐		與宜			與聖		與廱	與輪	與檣
			孟樺	孟梗	孟瑧	孟璯	孟瀏	孟濱	孟潨	孟盦	孟壓			
					由賓									

												伯近		
師澄												師渙		師份
希榛				希⿰石兆				希尹	希晁			希貢		希談
與必	與灼			與⿰火獄	與炘		與炃	與煌		與燧	與燁	與炦	與⿰火叟	與熯
孟圭		孟⿰土賓	孟塖	孟埭	孟增	孟球	孟珦							

				師濱	師淵	師汲			師泳					師洌
			希枰	希枏		希桯	希栝	希槫	希梓	希棐	希樫	希桼	希栻	希栴
孟垚	孟堅	孟堃												

						武經郎	子撤							
							伯邇							
	師湮	師淑		師湯	師源		師⿰山叚	師僔	師昱					
希楉		希檗	希榴				希倫		希廣				希政	
			與潔				與孚		與柝	與林			與檣	與榭
									孟最	孟渫	孟潞	孟溧		

					伯選								伯邁	
				師杓	師鵬						師容		師景	師晏
	希宜		希信		希夔					希躬	希諭	希淮		
與桑	與氽		與櫹		與庀			與絲	與濇	與藻	與勝	與遷		
	孟洗	孟落			孟僊		孟集			孟倜	孟壄			
					由禮	由禩								

少師、昌國公世表

太子右內率府副率令撫

子逝

子詢

贈右領軍衛將軍令巾

太子右內率府副率令佗

子平

伯沮

太子右內率府

副率令畠　贈漢東郡公令甘

子受　左侍禁子兆

伯近　伯俊　伯達

師渙　師旦　師道　師忠

希鐃　希塋　希侗　希伸　希淡　希灊　希傑

與琛　與橇　與欄　與枂　與欘

孟焞　孟塚　孟爍　孟[illegible]

贈左屯衞大將軍令春　贈華陰侯令航

子先　秉義郎子立　子永　三班奉職子平　成忠郎子受　子力　子伭　忠訓郎

伯暘

師悳

希伐

與椄

孟𤈦

子伯		再贈右朝請大夫子淡									
伯興	伯康	伯倓	伯侃								
			師道						師德	師揆	
			希爲			希佳				希譬	希槤
			與鍾			與槁	與檟	與樍			與鉳	與鍩
			孟玞	孟㻏	孟珊		孟洤					孟璪

												伯僓		伯供
								師義	師湙	師章	師育	師音	師備	
	希柱	希栟	希榼	希橿	希櫏	希移	希桁		希禠			希鐯	希牧	
與鋒					與[illegible]		與浼						與璇	
													孟保	
													由澤	由禴

			伯儁											
			師荀	師路	師閔	師謀	師予	師求	師端					
希珍			希瑕					希昌			希比			
與灑			與浹							與瑑	與欶	與瑺	與瑎	
孟蘧	孟迨	孟遑	孟逨											孟侯

													右武衛
										贈北海侯令泮			
										忠訓郎子勻	子仲	子顧	
伯侔									伯伊	伯維			
師瑍		師俔				師葛	師頊		師倲				
希婁	希駣	希崠		希巁	希崢	希盉	希濧	希洅	希岠				
		與沼	與瀿										

大將軍	世鎮													
贈北海	侯令鰖													
	子卿		子顏	武翊郎	子蠡									
	伯嶠	伯榮			伯翬									
					師孟	師逵							師遂	
						希方	希矩	希啟					希訪	希蒧
							與邀	與鉉		與鑢	與鑅	與鈐		
								孟修	孟揉					

贈東平侯令瞿

右侍禁子彪
從義郎子觥
子李
忠訓郎子迥
忠翊郎子余

伯順

師遡

希採
希託
希訌
希謹

與爓
與燜
與煁

										房國公
贈奉化侯令壹	贈右屯衛大將軍令茂									太子右
三班奉職子伯	修武郎子賡		訓武郎子應							
	伯修	伯元	伯歸	伯椿						
				師向			師白			
				希柬	希坊		希湏		希溏	
					與湍	與遃	與遷	與逜	與桶	

			世家	內率府副率令鋪				
				贈景城侯令劭	左侍禁子暕			
					成忠郎子說	伯禔	師确	希年
								希湑
								希愻
								希瀨
			房國公世疆	贈安康郡公令磾	子爻	伯謹		
					秉義郎子禮	伯至		
						伯旦		

								武德郎	子祜					
伯固									伯直					
師敂							師諹		師鉉				師臮	
希術			希衢			希衛			希嶆	希涏			希魚	希珉
與懲	與悠	與忝	與悆		與悊	與意			與竣	與僠	與偪	與侍		與憲
孟垷		孟塛	孟括	孟櫄	孟桄	孟沓			孟傚					孟辰

									師絳			師郟		
							希寕	希壂		希謏	希繹	希綪	希譔	
				與愻		與讟		與瀊	與汻		與淩		與愿	與愸
孟厲	孟曆	孟㕒	孟[illegible]	孟禨	孟祺			孟禒	孟穮				孟昇	

					伯亶									
					師祉									
					希侹					希護				
			與落		與䢋	與忽	與憲	與愿	與忐	與愬	與慫		與愳	與懈
孟樸	孟槲	孟榤	孟楹	孟格	孟樒							孟早	孟景	

				希傚		希保								希值
	與遷	與迎	與湪	與玧		與瑔	與琛	與琲	與瑽	與琭		與環	與璀	與汃
孟棡		孟橝		孟演	孟湅		孟讚	孟讀		孟詷	孟謚			孟暐

三班奉職子祚

伯亘　伯豐

師鄺

希瓏　希僾　希健

與湄　與涷　與瀘　與詷　與球　與遄　與滽　與潓

孟淰　孟晀　孟暎　孟晗　孟暉　孟暠

	朝請郎令珪			贈武節大夫令淘					
子祉	保義郎子視	從事郎子覰	承信郎子靚	武節郎子川					
				伯初					
				師籛					
				希治					
				與洽	與遷	與迴	與泥	與迅	與適
							孟室	孟賓	

							東陽侯世敞				
							贈洋國公、謚孝靖令奥〔一〕				
子言	從義郎子昌							修武郎子賦		從義郎子贍	
	伯衣							伯洧	伯溱	伯濤	
	師籌	師劉		師簣	師茱	師筥				師鶱	
		希瀙	希洨							希椿	希相

希儼	與贊	
	與許	孟遲
		孟蓮
希倣	與綬	
	與縉	孟䄟
	與綽	孟樂
		孟禩
		孟褗
		孟祤
希伉		
希修	與弼	孟瑰
	與彊	孟玉
		孟璧
	與彌	孟璨
		孟琊

						師駒								
			希仕	希偶		希俵				希佈				希㷄
	與弨	與淵	與繒	與⿰糸栗	與繽	與珉	與玫	與鋈	與琗	與悰	與恪	與塸	與卬	與坫
孟⿰車堂		孟⿰王蓋					孟瓑							

								希棼
								希煤
								與座
					武翊郎子賜			
								伯滌
								師鑣
								希農
								與述
								與造
								與遛
								與迬
								與遲
								希槇
								與𣿅
								伯漕
								師通
								希楮
								師漴
								希棣
								師澎
								希伃
								希傂
								與偟
								與堅
								希儴

				保義郎	子[illegible]	加贈武功大夫		子[illegible]						
								伯洊						
師滮		師淲	師練					師楧				師榕	師櫟	師枚
希傑	希儓	希涅						希烔	希□	希焌	希烓	希熛	希熮	希焴

													再贈少師子潚
		伯淮	伯洵									伯淵	伯溥
	師杠		師槐			師栩	師楈				師槔		師固
希烊	希爦		希烟		希烒	希燀	希炑	希烰	希炂	希燥	希烳		希虒
			與坏	與埩	與𤼲		與堚						與奎

													伯泗	
		師回		師呂		師周						師心	師聖	
	希處	希兢		希偪		希元			希凭		希鼈		希克	
與熹		與褒	與袠	與申	與吉	與櫝	與杵	與柿	與楗	與桄			與㬎	與奮
													孟遴	

		伯沔										伯渙		
	師儆	師謦	師謇						師肯			師糵	師稟	師槀
		希薇	希蒜				希艾	希萱	希菁	希苣			希蕿	希點
與譊		與裹	與仗	與傍	與何	與僥			與樅	與榆	與枷		與𡒄	與遳
孟概														孟杆

伯津					伯淳									
師竺			師鑠	師鑒	師仇		師儁			師賑		師倆		
希任	希臺			希裔	希敷	希旼	希祕	希䅬	希科	希紃	希組	希熯		
	與鍑	與鏻		與邵			與道		與潚		與闢	與愈	與像	與憖

	伯洪				
	伯湜	師譮	希徒	與欇	
			希俥	與杞	
			希僑		
		師岌			
		師嵤	希季	與駰	
				與駝	
			希祺		
承節郎子貽	伯渭				
忠翊郎子涸	伯泌	師禯	希岍		
		師柳	希来	與鋑	孟囦
		師鄭	希彭		
			希彰		

		西染院使〔三〕		令修										
			忠翊郎	子賢	保義郎	子績	成忠郎	子贊						
	伯沆							伯塾	伯窨					
								師殊	師念					師点
希彩									希榦	希輅		希轔	希輖	希硯
										與藹	與蕁			與碤

			子蠙											
			伯全											
			師讜		師覵							師丞		
		希礹	希造	希策	希逵					希沆	希適	希迋		
與萋	與蕬		與愊		與訏			與諏		與訊		與謐	與譓	與謏
					孟伯	孟仞		孟侚	孟備				孟[illegible]	
						由璑	由琜							

		師諍				師止	師登	師壯						師淀
希剛	希規	希□	希適	希蓬			希遛	希蓮		希迦	希追		希迁	希導
與譆	與諺			與鋗	與宇		與亶	與詋	與□	與□	與註	與誀		與岃
				孟琨										

						右班殿直令璪	內殿承制令侻				
							從義郎子寶	秉義郎子財			
					伯灝			伯昌			
								師敳		師槳	
								希灝	希漨	希繽	希卯
與岩	與豐	與崙	與庸	與嵤					與艮	與諶	與禤
										孟僾	

									西頭供奉官令敷	從義郎令僑	
										保義郎子□	
							伯晃			伯□	
			師謝		師僾		師揔			師尹	
希酉			希勔	希効	希諔	希爌	希秦			希陵	
與祐	與神		與零	與橁		與櫑	與浚	與坧		與魯	與昔
孟瑊	孟[王隶]	孟瓔								孟誠	

							希咸	希玄						
與晁			與晷	與昗	與曇	與咎		與逘	與迦			與逕	與逾	與□
孟諑	孟諄	孟評	孟詔						孟沃	孟注	孟澳			

子賙														
			師旼		師諸									
	希恮	希穮	希为	希茀	希耆	希捹		希掊			希扔	希澠		
			與迁		與埍		與閭	與闌	與閔	與闇	與閨		與遾	與適

華陰侯世灼						
左班殿直令鍘	武翊郎令洄	贈左領軍衛將軍令粲				
子貽	奉議郎子通					
伯觀						
師蕘						
希佩	希作					
與默	與識	與諾	與亨	與諄		
孟琛	孟琚	孟珪	孟琥	孟玧	孟溉	

					伯升	伯復								
		師韞		師棣	師沛	師湯	師壉							
		希澇	希乙	希甲		希誨	希識	希翌	希愎					
與訓	與訥	與緝	與濟	與鑒		與覺			與路		與淩			
孟璲				孟復		孟佺			孟鉍	孟鈌	孟飾	孟欽	孟□	孟□

師方							師似							
希倨	希倍				希伶	希㑥	希儻				希瑲			希搏
	與熠	與烊	與熄	與燎			與佰	與僔	與儒	與僂	與嶧	與儈	與鉹	
								孟衙	孟瀅					

						承直郎	子迪	忠翊郎	子進					
	伯履						伯現		伯滏			伯靚		
	師安								師敎	師敔	師敵	師瀓	師孜	
希招	希驅	希卞		希瑲								希鉉	希持	希棖
與瓖		與供	與釜	與珽	與㦤							與塡		
		孟倂	孟諮	孟溧	孟灝									

		河內侯世系		
	西頭供奉官令父	西頭供奉官令璙	太子右內率府副率令惇	右班殿直令□
	保義郎子□			
	伯精			
希槮				

校勘記

〔一〕令奥　「奥」字原刊漫漶不可辨，據本書卷二四七趙子潚傳、胡銓胡澹庵先生文集卷二四趙子潚墓誌銘，都載其父名令奥，今補。

〔二〕西染院使　「染」原作「梁」。按本書職官志有西染院使而無西梁院使，據改。

宋史卷二百二十

表第十一

宗室世系六

楚國公從信			
康國公世顯			
贈東平侯令典	贈建國公令貫		
	左侍禁子明	贈中大夫子昉	武節郎
	伯緩	伯純	

子曉			忠訓郎	子昕										
伯儔	伯山	伯川		伯達	伯适	伯遇								
						師古	師性				師弓			師形
							希略		希适	希繼	希渝	希鑭	希得	希逕
							與稻	與枝		與榴				

忠訓郎子時	從義郎子照						
伯衖	伯術						
師旦	師回	師空	師嵩	師講			
希誦	希諴	希壕	希鋹	希省	希鐠	希嶧	希錸
與梨	與徥	與徯	與德				

	朝散郎	令璹												
子睽	再贈武	翊郎子	晴											
			伯潤							伯閏				
			師田				師哲			師賢				
			希閫	希畸			希逌		希道	希折		希誓		
				與鉞	與鐲	與鍒	與桯	與構		與愚		與憲	與態	與悉
										孟禮	孟倧	孟倔		孟歸

			加贈特進子旼										
		伯瀾	伯源										
	師悳		師純	師优		師沄	師矩			師卓	師晦		
				希仟	希修		希仵	希供	希倲		希洋	希密	希仢
與忿				與鈇	與錡		與鈋					與籑	與鍋
				孟琉									

						內殿崇班令員				
			保義郎子晫	成忠郎子暐	子暲	武節郎子昕	成忠郎子皞			
		伯濠					伯順	伯頓		
		師鱷						師注		
	希灵	希藝						希䀏	希盺	希睬
與鏍	與鑊	與佯						與碏		

				河內侯世淵		
		右侍禁令玶	武經郎令森	太子右內率府副率令首	贈洋川郡公令扁	
			成忠郎子晦		右侍禁子珍	
			伯諏		伯達	
師沾	師漝	師淋			師孟	
		希野			希漂	
					與聰	
					孟鉅	孟銓

				師顔				師閔						
	希扂	希廈	希渙	希常				希澷						
		與䄣		與功	與居	與輔	與改	與模			與純			與化
孟鑌					孟珻			孟熜	孟炳	孟勳	孟熇	孟孜	孟爝	
					由棣			由堉	由埱	由墇				

		從義郎	子玨									右侍禁	子璇	成忠郎
			伯遊											
師言	師守		師單								師猛			
希朋			希仔	希森					希異		希徲			
			與柘	與巽	與致	與松			與麾	與亦				
			孟姊			孟埈	孟浩	孟佇	孟⿰土絜					

子瑾																		
伯蘧																		
師孚																		
希拯											希掄			希攄	希抑			
與俱							與爲				與眞			與畿	與顏			
孟仁			孟儒	孟儀	孟僊	孟伸	孟義	孟能	孟存		孟正	孟揚	孟信		孟潊			
由初	由祥	由禋					由耑											

	師向							師芝			師重			
	希騰	希符					希考	希暮		希驟	希倦	希儲	希僞	希俟
與契		與嶷		與崧	與僀			與巙	與曉					
		孟鉍	孟鈔		孟錁	孟鉡								

														伯逸
	師穌						師乂							師息
希俑	希損		希倉			希扛	希信		希志		希念			希艮
	與傒	與逭	與試				與顒	與遴	與俟	與倴	與健	與倡	與俄	與端
			孟埏	孟墿	孟柎		孟穗							孟垍

					希坤									
			與偁	與鬴	與靜			與迪			與光			與爾
孟埣	孟垎	孟墀	孟壇	孟墠	孟昭	孟作	孟遠	孟恭	孟諭	孟訢	孟禮	孟塽	孟滋	孟偁
	由[illegible]				由錝									

			師貍											
	希訪		希歐	希從									希畀	
與駙	與濱	與詣	與諹		與稪	與用							與福	
	孟扟					孟滮	孟伻	孟佋	孟偦	孟倓	孟俁	孟酉	孟雅	孟倩

	子瓚	修武郎												
	伯适		伯通											
	師消									師緒			師恬	
希談	希譜						希詣	希訏		希諷			希章	
與秱	與櫝			⿰金嵩	與鑷	與崟	與籛	與檖		與瑃			與來	與驥
								孟備	孟潼	孟澊	孟崙	孟峻	孟孝	

													成忠郎	子瑨
														伯逵
師招	師遐							師悌	師偟			師嚣		
希庶	希鼂					希革	希篙		希壼	希敌	希誄			
與楙	與棨	與鉞			與鎧				與鑣					
		孟堃	孟壄	孟厔										

				贈河內侯令曾							
		子瑶	子璋	從政郎子理	子璪					再贈武略大夫子玘	
伯遵	伯遇			伯衎	伯宣	伯民	伯徽	伯瓊		伯章	
							師義	師仁	師禮	師積	
										希埴	
										與革	與履
										孟櫨	孟林

								伯宜						
							師得	師美					師治	師孝
		希垕			希約	希圭		希右			希燾	希然		
		與曉	與衒	與耐		與童		與典						
孟榞	孟桐	孟榶		孟材				孟俶	孟儁	孟伋				

北海侯世爽贈右屯衞大將

忠翊郎　子琦　子琰　奉議郎

伯交　伯立　伯戩　伯慤　伯惠

師茲　師羲　師滿　師兗　師韭

希虔　希鎡　希壽　希籌　希鑠

與駉　與坐　與在　與畹　與嘐

軍令躋	贈洋國公令洋											
子發	三班奉職子振	朝議大夫子俶										
伯達		伯祐							伯祿			
		師乙							師戈			
		希領					希頣	希預	希魏	希梁	希程	希甫
		與組		與立					與森			
		孟攜	孟僧	孟借	孟仂	孟疆						

									師呂					
			希倫				希平		希愈				希忠	希裴
與湧			與淏				與灦	與槢	與枳	與欓	與榕	與樗	與榁	
	孟儅	孟侍	孟俊	孟倘	孟億	孟傈	孟任	孟該	孟諸		孟便			

	伯祈	伯禔												
		師奭												
		希堯								希勉			希讒	
與涓		與知			與王	與喩				與極	與比	與瀟	與唯	與噲
		孟祿	孟鎡	孟鎧		孟祥	孟祮	孟祉	孟禋			孟俓		
								由璞						

					伯祜									
師契					師清									
希靜	希忠		希唐	希錡	希枖	希櫛	希根						希楝	希檀
	與佃	與儹				與僇	與焜	與焯	與烑			與煬		
									孟埩	孟翊	孟淲			

師鴻													
希窐	希燮												
與倫	與珗	與珵	與璭	與璮									
孟鑒	孟鑿	孟[illegible]	孟[illegible]	孟鍺	孟錢	孟鑽	孟鐃	孟鏸	孟鎧	孟錄	孟鑕	孟鏻	
由暉													

		朝請大夫子仁											
伯灝		伯顯											
	師衰	師表	師溉										
				希巢	希賁				希嵏	希炭	希巖		
					與寘	與檠			與章	與享		與珍	與琟
					孟賚		孟賀	孟脈	孟資				

			子僊	武德郎	子㑇			子伾	修武郎	子傑				
伯頎	伯碩	伯順			伯瑀		伯祥			伯禮	伯問			
	師珉				師進	師顔				師產	師稟		師渡	師文
											希寅	希密	希韜	希迨
											與嶠			

		右班殿直子健	武經郎子伋			子仰	武翊郎子攸				
			伯泰	伯碩	伯禃		伯熹				
				師珉	師植		師昀				
希運				希菫	希昇		希泞			希湉	
與治				與爵	與坙		與鏃	與鋹	與鐧	與鍶	與鉚
孟御								孟褒			
由燁	由煒										

贈右屯衞大將軍令攄

贈河內侯令眈

三班奉職子紳

贈咸德

師栻

師墉

師愿

希畋

與逡

希畹

希咏

希晦

希暵

希晅

希煜

軍承宣使令感
三班奉職子宣　保義郎子澤　修武郎子漨
伯憲　伯恕　伯慮　伯愿
師存　師定
希彬　希欽　希急
與琚　與璦　與肖　與旴　與惺
孟宏　孟寔　孟棄　孟浚
由佇　由仏　由仕　由[illegible]

			令志 贈太保太中大夫										
			子湜										
			伯檦			伯鯩							
			師扆		師易	師皐	師賜	師秩					
		希優	希韓				希道	希僎	希濤		希侃	希曓	
與昺	與者		與振					與櫄	與垌	與升	與揚	與瀠	與映
	孟檢		孟堅	孟璧							孟鉌		

					伯魯									
	師恬				師元	師楹								師焱
希遡	希俟		希浼		希心	希偲	希倈				希仞	希祚	希巛	希價
與津	與嶺	與嶒	與易	與諶	與楑	與奭	與會	與握	與燿	與庭	與焟			與讙
孟炌						孟隆		孟環						

									汲	大夫子	左朝請			
								伯樟	伯鯉					
	師佮	師俶					師倧	師侶	師俗					
希揮	希拭		希丕	希聖			希工	希瑩				希伻		
	與淳			與鋻			與琠	與瑁					與諵	與譢
	孟鐩				孟榗	孟櫍	孟杅						孟例	

	伯杞				伯礽									
	師倛				師熾			師煁				師炘		師煖
希措	希塒		希垓	希圻	希埈	希址	希圠	希坫	希塏	希堢	希壃	希墠	希垙	
與贑	與鉐	與鍴	與鐍							與錍				
	孟操													

直秘閣子浹	左承議郎子沃							
伯樞	伯通	伯材	伯拘					
師佋	師儋	師休	師堞	師僝	師儃	師僢	師伶	
希邀	希遑	希[illegible]	希邁	希邐				
與璊	與璛	與琜						

橅	郡公令	贈高密												
浩	事郎子	贈右承	子浚	朝散郎										
伯祿									伯梜					
師克					師侊	師泙	師腁	師倕	師泚					
希逾							希逮			希⿺辶此	希⿺辶蚩	希洪		希遽
與諧							與珴					與現	與⿰王回	與瓛

			希迪	與珂
				與和
				與客
			希遜	
			希邁	
			希遭	
			希逴	
			希迺	
			希速	
		師虔	希遴	
		師田	希逖	與該
				與謁
			希遐	
	伯祺	師季		
朝散郎				

子渤		秉義郎子汶	通直郎子湯		左從事郎子濮	朝奉郎子滮	承議郎子洌		
伯彰	伯彩	伯禧	伯憼	伯縠	伯祥	伯漢	伯傑	伯塤	
								師暈	師隗

	贈太師、	惠王令	廌											
	再贈正	奉大夫	子游											
伯儼			伯禾				伯采							
師贇			師勳	師烈	師焯		師點							
					希瑭	希孮	希珧							
					與賨	與⿱宀居	與棣		與⿰扌焉				與授	與揆
							孟⿰王界	孟⿰王廉	孟瑠	孟瑙	孟珹	孟珆	孟治	

						師黯	師匯							
					希閔		希彝					希饒	希⿺辶羊	
與提	與拔	與搸	與扔	與播			與⿺辶是	與⿱艹⿺辶惠			與薳		與詹	與畬
		孟暕		孟⿰目介			孟沅	孟灊	孟⿱大番	孟沓				

	伯棐						伯棠			伯杲				
	師熹	師尹		師顏	師瑜		師建	師叵		師石				
		希紋			希竦			希孟	希文	希核			希柠	
與謩		與瀴	與瀫		與候	與莅		與柯	與椗	與迴	與迮	與遺	與殼	
													孟僎	孟佪

		伯果												
		師宜	師峴								師勉			
希吝		希賓			希炤	希烇			希燧		希煩	希㯖	希移	
與懍	與惈	與恂		與坤	與[illegible]		與坲	與堞	與垺	與歷	與堛	與沭	與貞	與融
									孟鏠					

				伯茉										
	師珇			師珒							師至			
	希郱		希遷	希客	希箙			希督		希晛	希眘			
與愀	與恜	與懁	與悁	與遂	與澂	與任	與徠	與懌	與惀	與悚		與懽		
												孟傳	孟保	孟仔

1	2	3	4	5	6	7	8	9	10	11	12	13	14	15
							師璹				師瑑	師琫	師璬	
						希宕	希詥			希訌	希窘		希荅	
						與憿	與萃				與忦		與愭	與倲
孟何	孟休	孟符	孟宿	孟仍	孟傑	孟倞	孟倜	孟什	孟偵					

				伯寀										
	師璐	師珂	師珥	師瑞										
希郤	希筒	希訜	希䛪	希誥		希器	希朷						希靄	
		與億		與潒	與濯		與壁			與罄	與烗	與鍂	與潧	
				孟樾	孟椋		孟崈	孟介	孟嵒				孟榛	孟椅
					由錦		由沓	由槙						

									伯乘					
					師同				師雲					
				希謹	希鈱				希澳	希淬	希滂	希湏		
	與激	與涼	與濎	與俔	與傒				與框	與槷	與藹	與棋	與柳	與杜
孟栫					孟班		孟瑿	孟璾	孟僶					
					由潽	由潔	由溭	由沁						

									伯欒					
師周	師召							師秀	師柛	師樞				
希龍	希櫶	希愚						希宅		希臺	希鉉	希鋼	希鍔	希鍵
與洋	與瀥	與洒	與迺	與逮	與遨	與瀏	與遢			與灩			與墐	
		孟鏊												

子淳			宣教郎子濬	修職郎子淙	三班奉職子濤						
			伯渠	伯果			伯栞				
			師材				師吉				
	希⿰日帚		希疇			希蕁	希蕡	希鉡	希鋅	希鈁	希鑭
	與瀴	與遑	與逌						與⿰氵暑	與⿰土厲	

祥符縣開國男子濛
伯檠
師綰　師縉　師綸
希過　希悋　希惜　希迒　希邁　希央
與葵　與蓎　與范　與悤　與急　與悠　與烝　與應　與㷣　與苂
孟垔　孟堂　孟瞵　孟疇

						武翼郎令伽						
						承信郎子溱					宣教郎子淙	
					伯柬	伯㰒			伯椿	伯莊	伯棻	伯桊
				師紹		師膽	師聯	師屽			師燠	
			希埊	希述		希東	希顒	希軝				
與燧	與楳			與烌			與墭					
孟登	孟發	孟凱										

太子右監門率府率世護
安康郡公世變

武翊郎令畬
太子右內率府副率令傅
太子右內率府副率令緯

子灝

贈宣教郎令溠											
子琪	從事郎子執	子璪	子擇	訓武郎子揆							
伯佺				伯瓌							伯瑺
				師玉		師益					師繕
				希迴	希逋	希迮					
						與曄	與[illegible]	與曚	與昕	與昳	

			少師、華國公世鴻								
			贈建安侯令攜								
			忠訓郎子琦	武經郎子祇							
		伯瑤		伯演							伯渙
師纁	師緻	師岩		師僭	師併	師俯			師仵		師莒
希燮					希潞	希棫	希淲	希瀜	希玨		希湆
						與意	與蘙	與珧	與礶	與磷	

									武經郎	子祿				
		伯活								伯詵	伯崇			伯輔
師莒		師銓		師倮			師棆			師壽	師柷	師祚	師裾	師廉
希洞		希潠		希沾	希激	希濕	希夸	希贇			希珥			希泐
與淞	與袖	與鐕	與鐏				與梜	與環						與桃
		孟俓												孟燾

					伯崧	伯瑞	伯勝						伯喜	伯[illegible]
	師柔	師浥	師翽	師泱			師陶				師證	師濛	師僮	師倢
希狨	希電			希秈			希謔			希訹	希晈	希璉		
							與黛	與烝	與灑	與諧	與溲			

			從事郎	子祝				子祖	子視	忠翊郎	子祐			
				伯沂							伯縉			
師書	師焙	師慬		師瑩	師璭		師璘				師勤			
					希衎	希僚					希熜			
						與漥					與澆	與滂	與溲	與冰

						西頭供奉官令澈			武德郎令忝		
						子祚	子禮	子禎	宣教郎子初		
			伯純	伯繪					伯文		
		師濼		師濡					師擇		
				希鐩	希鑪				希賈		
與潰	與涅			與涻	與浙				與莘	與菫	與瑀

									師持					
	希湯			希摫					希稽	希輯				希嚳
與玠	與皞	與暟	與昂	與蕙	與菖	與萊	與淓		與潒		與涫	與津		與淑
							孟透	孟遺				孟桃	孟櫸	

											伯歌			
				師拂							師擢			師振
			希穥	希謳	希甡	希瀛	希启	希緒	希姬		希芊	希闟	希桴	希竑
與琜	與俠		與慹	與萱	與沆				與瑕	與瑞	與茂			
	孟壥	孟臺	孟瞰								孟綵			

											子祈	保義郎	子禕	
										伯合			伯守	
				師棣					師釁	師命			師耆	
希楑		希龠	希杅	希橎	希漪								希樞	
與讀	與熽			與淡	與謚			與譑					與齊	
孟玫					孟宋	孟鞾	孟宓						孟仍	孟優

										師鏞				
	希默	希宗		希桂		希桄			希槿	希庁	希樅			
		與鼐		與瀧	與江	與槻	與途	與逌			與昣	與珞	與功	與晦
孟備		孟俓	孟俵	孟佃				孟轗						

								成忠郎	子楡			子衿		
		伯瑾							伯玖	伯瑚	伯璨	伯珣	伯琇	伯玕
	師隲	師鍾			師鈱				師聽		師鏘			
		希侙	希岳		希姚	希楓								
與晥		與⿰木言	與梲	與潩		與僳	與偫							

贈通議	大夫令	晧												
再贈左	朝散郎	子祠												
		伯淵	伯淸											
			師恴											
			希涵		希浩				希浚					
			與稀		與穗		與種		與昝				與普	與曆
			孟瑨	孟瑻	孟銳	孟鑯	孟鑨	孟鏂	孟璸	孟瑝	孟珽	孟珿	孟璙	孟祠

					師郇									
	希湔				希顛		希頳						希顒	
與盼	與淇	與涸	與洊		與舉		與沐	與奇			與侁	與況	與櫻	
孟衸					孟沂	孟泩		孟估	孟忏	孟慄	孟洎	孟鴻	孟澶	孟油
					由琦									

						伯俶						伯淙	
師漣			師弨			師滈			師愿	師坦		師盈	
希洤			希闐		希闢	希岐	希愈	希聰		希䆫		希玲	
與涇	與渭	與濡	與牧	與敷			與愫			與瑑	與墼	與坤	與瑲
	孟鈺	孟錩		孟璪						孟鏩			孟敷
										由暐			

								再贈通奉大夫子淪						
		伯瑃		伯汶	伯洋	伯溉			伯源	伯沖	伯晟	伯昜		
		師悬		師辱							師雩	[illegible]	師霣	
希銳		希皋	希蒠								希漫		希熞	希熅
與往	與偏		與恉								與樚			

馮翊侯														
贈洋川	令洼	武翊郎												
	子元		子湮	子禧								子裕		
					伯浚					伯澤	伯汶	伯浩		伯昴
						師膳	師然			師邊			師霆	師雱
									希扐	希勵			希瀞	
								與梫	與槐				與纙	
													孟□	

世登														
	郡公令羣													
	三班借職子立		三班借職子建		三班借職子延		從義郎子佐							
							伯瑜							
							師慈					師後		
							希詩		希譚			希栗		希意
							與恣	與德	與滋	與湉	與潮	與焆		與莒
												孟旣	孟堩	孟儶
												由鐙		

	師下							師和				師闢	師盈
	希笶							希闡	希羕			希韄	希典
與蓁	與翕	與咸				與曒	與復		與玖	與琮		與蓉	
		孟璁	孟琣	孟斑	孟琄		孟㻜	孟玗	孟玥	孟玫	孟瓔	孟櫞	

											武翊郎	子傅		
					伯琬					伯瑀		伯珍	伯玠	
		師新	師功	師孝	師簵								師孟	師酉
希詳	希蔚				希求		希慠		希謗					希燖
					與傁	與俵	與栦	與楦						與琾
					孟快									

惠國公　世耀

贈東萊侯令雙　贈華原郡公令優

子構　子潛　子珍　子瑞　修武郎子驥　武節郎子驌

伯震

師彗　師詠　師享

希岦　希岩　希亘

與濱　與傳

				左班殿直令尤	右班殿直令現	贈武義郎令琈				
		右班殿直子駜	子驕			再贈武義大夫	子駽			
							伯烜			
師褒	師享						師[illegible]	師恢	師悟	
	希磊								希蘇	希荐

			伯雯											
	師慨	師愭	師浦	師洊	師瀼			師潭				師渶	師潾	
希芢			希無	希璁	希黝	希鯨	希櫄	希琭		希嵫		希禊	希櫻	希澲
			與渲			與陞	與垕	與獨	與例	與衕	與衙	與瓔		

					右侍禁	令璆	右侍禁	令怡						
								子肥	忠訓郎	子騆				
				伯霆						伯珉	伯彲	伯奎		
	師滁		師泮									師夔		師恁
希柎	希鍓	希圤										希看		希無
												與椋	與櫑	與梆

									伯騰	伯翺	伯翔	伯遲	伯參	伯向
					師崽									師逑
	希僬			希黨	希團	希囷	希圍							希熉
與櫳	與彙	與穰	與渾				與郵	與郃						

太子右內率府副率世賴
南康侯世掌

左班殿直令什
右班殿直令諒
右班殿直令梗
忠訓郎令冊
左班殿直令番

子寅
子宥

少師、儀王世福						
贈洛交郡公令咎						
右班殿直子隆	成忠郎子正	武經郎子直				
伯珪	伯瑾					
師浤	師則					
希騆	希助	希代				
與𤌍	與增	與延	與歡	與㣞	與錪	與相
孟倢	孟俔					

希禔	希習	希睦											希辨	
		與⿰礻离				與禬		與禊	與禖		與襭	與祾	與邊	與祈
		孟琭	孟琿	孟璼	孟珵	孟球	孟⿰王并		孟鐻	孟鏍	孟⿰金詹			

	伯瑜	伯珧												
		師沐	師博											師欽
希駰			希晊					希赤	希弓	希證				希瀍
			與儦			與穟	與謘			與玞		與珕		與訂
			孟蓍	孟[艹嘉]	孟菖	孟鑄	孟鍉			孟鏕	孟鉁	孟伴	孟佰	
			由鑼											

							師恂							
		希澳	希瀍	希治			希濡	希虁	希偕	希延			希孜		
與謦	與訞	與諴		與樹	與榛				與湝	與溓	與錭	與銃	與浸	與涑	與沶
														孟柝	

				與過	孟栖
修武郎					
子富	伯強	師忽	希旺		
			希任		
		師仞	希渚	與闐	
				與閔	
			希沂		
	伯承	師汲	希彰	與橅	
				與榶	
				與⿰礻藷	
		師作	希用	與亮	
				與竱	
				與靖	
				與竢	
				與⿰立奚	

										子陟	成忠郎子頤	保義郎子常
							伯熊	伯烈			伯舉	伯亨
						師英		師涓	師渝			
希登		希祁	希郇	希鑠	希尃				希緌			
與埤	與堜											

												權安定	郡王令	林
													修武郎	子麟
伯周														伯璩
師象						師悅		師僕			師傪			師忻
希麗			希[illegible]	希埩		希珇	希瑇	希梣	希栓	希檄	希栫			希霶
與涌	與沛	與瀊		與[illegible]	與滷	與侎								
孟璊														

				伯璟					伯琇	伯琮				伯鋈
		師懷	師忭	師滄	師溢			師快		師濬	師汶	師泌	師澧	
希霖	希昆		希霑	希栒	希淂			希臺		希鎴	希眞			
					與樿	與楈	與棍				與栢			

	伯瑨	師僙	希臬
忠翊郎子說			
修武郎子震			
子需			
子晉			
成忠郎子節	伯瑝	師憐	希濱
	伯玲		
	伯瓚		
子賁			
從義郎子兌	伯畾		
秉義郎			

									武翊郎	令牲				
子萃	承節郎	子巽					子逵	子遇		子俊	秉義郎	子赫	子亮	子善
		伯甖				伯璧						伯壽		伯益
		師𢡟										師怟		
		希橈	希櫭	希銘										
		與宥	與𢋄	與潕	與淹									

令郯	令碧							
右侍禁贈武經郎子道	右侍禁贈忠訓郎子逵							
伯奮	伯高							
師鐓	師鑛	師錄						
希瑻	希琽	希滷	希澧	希謁	希玧	希琫		
與諨	與談	與譸	與稙	與諝	與嶔	與窋	與峮	與鑾
孟熹								

											成忠郎	子遇		
									伯陽			伯儔	伯儦	伯傕
師紡				師鈉	師鏍		師鑨		師隆	師鑾				
希玒	希瞉	希湞	希淲		希溥	希漻	希[illegible]	希滋	希旴					
與迻									與泗					

武翊大夫令詘

秉義郎子適

伯倎　伯豪　伯山　伯爽　伯嶜

師坴　師扃　師瓜　師洲　師漳　師活　師澮　師濼　師涤

希潪　希渚　希端　希期

與銘

				伯嵒				伯壼						
師滆		師僃		師淶				師湸				師湶		
希鈺	希[壼金]	希鏽	希鉑	希鐗			希[金芮]	希鑣	希鏭	希鏙	希[金絜]	希[金悳]	希鑲	希釙
與[木雍]				與[土耑]	與壢	與[土匋]								

												子遹 忠訓郎		
		伯啓				伯楝						伯瑍	伯栔
師湝	師漵	師溌	師渼	師瀟	師浝	師涘				師涔	師瀾	師樕	
						希鍲	希鍴	希鑯	希鉠	希鏑			
						與詔							

	子逖			子逢	子迅									
伯嵱	伯竝	伯企	伯泮	伯諒	伯檀					伯嵒	伯椅			伯偲
	師慺			師頖	師嶷	師夔	師嵿			師枰	師摫	師採	師握	師鑠
				希諄		希珃	希鑯	希鐠	希鉅		希漵	希漿		希瑹

									東陽侯	世穹				高密侯
					修武郎	令惟	忠翊郎	令謙	右班殿	直令俄	西頭供	奉官令	芭	右班殿
	師璀	師珛												
希[illegible]		希瓚	希瓀	希[illegible]										

世榮	直令墉		
	右班殿直令漏		
	右班殿直令澿		
	右班殿直令矗		
	右侍禁令廡	保義郎子駿	
	右侍禁令迡		
	左班殿直令屼		
	左班殿直令崠	子暐	伯潛

伯達

宋史卷二百二十一

表第十二

宗室世系七

少師、榮國公世闈

贈開府儀同三司令話

忠訓郎子璋

伯通　伯達

師農　師岍　師鋉

希遂　希遄

與隠　與淞　與陶　與立　與耿

孟伊　孟濆　孟福　孟隠

		師武										師斌		
	希汲	希麒							希鶚			希譚	希詔	
與櫰		與續	與大	與炳	與雄	與強	與昪		與緯	與統	與紘	與渙	與健	與億
		孟輝				孟傜	孟綜	孟鈐	孟汨	孟法	孟淥	孟賢		孟鐵
														由凌

		師瑮												
		希嶤										希岭		
與修	與阮	與動					與勔					與劢		與勅
	孟霻	孟恍	孟怡	孟恢	孟憓	孟惍	孟愉	孟悚	孟懽	孟憁	孟漣	孟愷	孟憒	孟恂
				由㮛										

									左班殿直子僊			
									伯達	伯琮		
								師會	師沂	師琮	師定	
		希岑				希嶒	希呰	希奎			希錮		
	與甹	與勁			與軨		與劭				與淲		與洪
孟愕	孟悠	孟愚	孟愍	孟恝							孟鉷	孟㭬	

						保義郎子禮	保義郎子傳	承節郎子仔	秉義郎子儼	
						伯汶			伯順	
		師安							師有	
		希銖	希鈐						希汪	
與浙			與歷	與賢					與瑚	與瑋
孟枇	孟檽			孟楨	孟掞				孟鐇	

				伯川									伯釧	
師毅				師郱									師右	
希泓	希瑝			希諄						希諲			希枸	希梗
	與嵓		與崑	與錡	與錧	與鎮	與鐱	與鎊	與鏻	與瓔	與⿰王於	與玝		與壇
	孟集	孟栠				孟珜	孟璬	孟⿰王尭						

東頭供											
	子儋	承信郎	子儒	忠訓郎							
			伯迻			伯叶	伯顆	伯顯			
			師僩			師勵				師琅	
			希灢	希㿝	希晈	希暤		希㴜		希漼	希椅
									與栢	與科	與墾

奉官令琉	子備			
	子傑			
	子佩			
	子儀			
右班殿直令滐				
贈武翊大夫令詛	秉義郎子僼			
	秉義郎子佐	伯濮		
	武翊郎子儉	伯淸	師璠	希祁
		伯湍	師瑄	

左侍禁令隅

秉義郎子偗　忠訓郎子僖　承節郎子傅　承信郎子倚　子伸　子仁　保義郎子佑

伯澄　伯言

師璼

希扶　希拂　希摠

						修武郎	令疆							右侍禁
				保義郎	子倜	承信郎	子保	修武郎	子作				子俔	
伯珈									伯逯	伯邁	伯遜			
師炥	師嗃	師偦	師⿰亻褱								師可			
希鏃											希⿱竹皆	希蝖		

令垂	左班殿直令覞	從義郎令漕	忠翊郎令由						從義郎令請	
			子條	子佑	子伽		子仁	子倜	子倪	
				伯遜	伯迪	伯逵			伯瑢	
									師諛	
									希樽	希柎
										與柢

											敦武郎	令邶		
										子伻		子傑	子偓	子革
					伯璛					伯玩			伯珕	
					師諳	師誧	師詒	師誀	師譞					
希撰	希捨	希扳	希指	希扣					希診					
				與徲										

							房陵郡公世重	
秉義郎令憉			忠訓郎令齵	贈永國公令擅			康州團練使令瑊	
子偲				子彬	子春	忠訓郎子濘	贈修武郎子彪	
伯程							伯粹	
師鏇	師壜	師增					師譽	
							希橅	希遣

師岁						師澶					師文			
希退	希逨	希逮				希遒	希遲	希遡		希䢌	希霨			希霆
	與暲	與俳	與敳	與敵	與敟			與薿	與蘘		與鑬		與鉜	與釿
	孟瓏										孟嶬	孟竦		孟棸
	由潞													

					贈武翊大夫令臣			左侍禁令甋			
					贈太傅子彤			成忠郎子鐸			
					伯諗	伯譣		伯顒			
				師古	師潔	師湑		師昺	師碏		
			希霝	希灦	希戹	希楅	希樬	希儉	希堡	希墾	希壅
	與鈓	與鎜		與瞝	與鍸						與沓
孟稾											

		師徇	希保	與晐	孟逴
				與昇	孟孫
				與桅	孟濱
					孟泓
					孟溎
					孟根
		師慍	希伀	與各	
				與晢	
		師幌	希係		
	伯顯	師習			
	伯頡				
子濘					
子機					
左修職郎子瀾	伯顈				

贈武翼大夫令悅

承信郎子煜　忠訓郎子均　秉義郎子参

伯願　伯頎　伯顉　伯巔　伯嘗　伯贇

師膺　師笵　師璧　師閔

希官　希煠　希燬　希瑚　希圖　希圃

與悜　與惿　與愜

											從義郎	令碕	修武郎
	修武郎子彭												
	伯省					伯璐	伯璹						
	師挺	師彝		師皋	師詝		師箋	師⿱竹甹	師濟				
希圓		希澤		希烑			希嶙		希耕	希耘			
		與⿰火禹	與炵	與⿰土量			與萬			與聳			

	東陽侯世職								
令婑	右班殿直令瀤	右班殿直令丙	敦武郎令玗						
			贈朝議大夫子詵						
				伯達	伯逵	伯邏			
						師銛	師鑣	師奇	
						希洋		希津	希浯
						與椓			

希澇	希涌

								贈從義郎子說						
			伯運	伯遡				伯邈					伯退	
師銀	師鉉	師鍔		師劉		師襗		師曹				師厲	師警	師悰
				希惆	希憻			希阜	希甸	希千		希匊	希樌	希佮
								與淦		與灦	與湍		與烱	與祏

右金吾衛大將軍世根

太子右內率府副率令琡

右班殿直令悰

敦武郎

承信郎子諸

伯遏

師詧　師礫　師楙

希儈　希傆　希擽　希巉

與瀟　與課　與祄

						房陵郡公世引					
令瓛	武德郎令辭					武翼郎令潏					
	修武郎子祐				子裕	承節郎子瑑	子畁	忠訓郎子昉			
	伯迪							伯樅			伯松
	師鍈							師璐			
	希磁	希轃						希鏶		希鉤	
		與注	與濡	與渤				與坴	與臺	與埥	

						修武郎令蓁						
承信郎子修					子先	子俊	子眞					子思
伯琛			伯集	伯縱			伯賀					伯瑒
師顏	師古	師襲		師璐〔一〕			師顧	師頌				師鱗
		希應						希瑛	希瓚	希栕		希鐨
									與復	與蕢	與菘	與堊

						建國公世朏							
						武節郎令焯							
					子康	武經郎子佃							
			伯琰	伯璨		伯焞							
		師⿰王勞				師義		師晰		師晫		師暲	師曨
						希邢		希境	希埉	希塈	希墣	希墠	
與逕	與⿱山土					與⿺辶淋	與惎						

							武翼郎令律						
	子佺						承節郎子倞						
伯華	伯懿						伯瑱						
師夬	師康				師覩	師廓	師揖			師韋	師擅		
希聲	希漾		希⿰火節	希橼			希韡	希舟	希豹		希息		
與珞	與晌	與鷗							與莊		與壂	與鎏	與堅

													成忠郎	子侑
									伯琴					伯傒
			師拱				師拭		師拯	師挏	師括	師抦		師賫
希懕	希寋	希崽	希悠	希憗			希恖							希迫
			與薈	與蕫	與蔁	與芠	與蘁	與桌						

伯持			
師賚	師玒	師璒	師璀	師龠
希迡	希遷	希迎	希[illegible]	希襩	希襇	希裿	希襟	希祗	希祦
與班	與玜	與硒	與碖	與礆	與硝	與磚

			伯拙		伯揚		伯揮			伯招				
	師迢		師馥	師壁	師伹	師僨	師征	師出	師儲	師瑃	師璙	師環	師琜	師玞
希祴		希䘢					希裉						希禳	

廣平侯世親				
左侍禁令梲	秉義郎令坯	右班殿直令瓚	右班殿直令桓	
襲封安定郡王子倚				
伯涓	伯沃	伯澗		
師鑄	師念	師忍	師憖	
希乾	希軓	希穰		

武功大夫令畯														
保義郎子式														
伯幵										伯兢				
師職	師䏦							師聆	師聘	師虞			師前	
	希鋏	希鑛	希鎨	希鈊	希鐙	希鎊				希馭	希騮	希駣	希璷	希瑈
														與堣

													師贇	師巳
	希璥			希墈					希珠	希瑎		希愷	希珇	希瓃
與墍	與淜	與灡	與瀗	與埜	與坣	與坴	與塈	與里		與陷	與垾			

房國公世芃													
右班殿直令藿													
							伯甡						
			師玔				師卜	師鉍			師鉛		師鑕
		希墫	希埵	希伺	希⿰亻貫	希僾	希僃	希⿰王剌	希啓	希磬	希瓌	希瓃	希瑑
	與銉	與鏌	與鑈										

修武郎令控	左侍禁令磬	敦武郎令隄	右侍禁令庡	秉義郎令詡					
				從義郎子聯					
				伯瑳			伯璵	伯琅	
				師鐸	師鏗	師鐘		師誓	師占
						希潔			

				武經郎令勱							
承節郎子原	忠訓郎子厚			武經郎子彗							
	伯綽			伯儁	伯俰			伯準		伯倡	
	師郯				師⿺辶壹	師逾		師漈		師侑	師灉
	希暎	希曖	希暟			希睞	希暳	希構		希檍	
								與緗	與縺		

		子慈	贈開府儀同三司子恭									
			伯達	伯週							伯逵	伯逋
師潗	師澻			師詿				師結	師逕	師諷		師讜
	希遽			希欙				希樀				希榗
				與烋	與瀌	與麃	與燕					

										左侍禁令扐	忠訓郎令倏
		成忠郎子寬					子敦	子善	子厚		
		伯曉			伯芄	伯免					
	師孠	師閨	師如	師蓋							
希榜	希杵			希軺							

從義郎	令駬	修武郎	令崟	武翼郎	令準									
				承節郎	子鈞	承節郎	子欽							
					伯棶		伯讚			伯穉	伯秋			伯稛
							師墾	師塾			師堪		師迊	
							希彶	希御			希繒	希盜		
							與璬	與敵	與畋					

					贈朝散	大夫令	剖							
保義郎	子鐸				封安定	郡王贈	開府儀	同三司	子觀					
	伯穗		伯秴						伯意	伯產				伯旨
	師壂	師墨	師基							師邃	師載		師澪	師儗
	希徉	希瀶	希徥	希涪							希鹿	希巇	希釧	希塔
	與忯													

子	伯	師	希
	伯覩	師保	
		師伍	
從義郎			
子靚	伯复	師範	希塡
			希壈
	伯埀	師鉿	
		師鏠	
		師釿	
承節郎			
子覞	伯亭	師琅	
		師堅	希鉥
	伯亦		
	伯㸑		
	伯庇		
朝奉郎			

子覭									子覬					
伯辛				伯永					伯率	伯稾	伯稟	伯膏		伯杓
師琈				師樠		師⿰木路		師⿰王取	師樘			師玿	師璬	
希鑈	希鋨	希鏩	希钃	希壏	希⿰土寅	希耎	希奐	希奡						

	忠訓郎令拓	贈開府儀同三司令德							
		再贈修武郎子緮	訓武郎子緯					子純	秉義郎子曄
伯[王斥]		伯意	伯慧						
			師學				師澧		
			希傈	希復	希繇	希徛	希徝		

武翊郎令齊		成忠郎令行		武節郎令況					
子瓏	子球	子安	保義郎子宿	子琥	從義郎子瑥	子鄜			
			伯摑			伯晞		伯旺	
						師扎	師極	師扔	師溥
									希覔

											武翼大夫令嶮	
子瑋	子璡	保義郎子瓊					子玘	子珌	子珀	子珹	子俊	左奉議
	伯昭	伯郘	伯䰟									
	師瀋		師椷		師橪	師梃						
			希織	希縚	希漢							
			與祈									

郎子倬				秉義郎子仍			修武郎子休					
伯淇	伯注	伯汲		伯池		伯沼	伯泗	伯湞	伯湘			
師鑽		師釭	師鑄	師鑃	師銕	師錭			師槵	師橚	師榞	師櫄
			希栳			希禑			希燐			希燸

		平陽侯世資							
	成忠郎令靠	右班殿直令鍇	右班殿直令釁	武經郎令弮	從義郎令紓				
					子侁				
伯鍺					伯壽				
師梅					師棋	師極	師楷		
							希壇	希瓆	
							與噢	與惎	與慝
							孟訨		

													武翊郎令磅
												伯錠	
					師恪	師樟						師偶	
希託	希珊	希琿	希玵	希珚		希璿	希玼		希璹	希瑨	希鉍	希淘	
		與哺	與隷			與嚗	與腴	與朦		與盈			

		馮翊侯世勀						
秉義郎令霈	右班殿直令擷	右班殿直令樛	左侍禁令奮	敦武郎令澶		武翊郎令慎		右侍禁
			子後	從義郎子迭	子儀	子聰	子俊	
			伯文	伯柔				

濟陰侯世造	令竿				
	右班殿直令欒				
	武翊郎令瓀	子蒙			
		子莊			
	武節郎令頵	承節郎子哲	伯炎		
			伯可		
			伯履		
			伯濮	師鏵	希矑
					希昭
					希昨
	武翊郎令獩	子垚			

		高密郡公世蕃										
	右班殿直令涓	武翼大夫令珖										
子磊		再贈武顯大夫	子奕									
伯靄			伯升								伯晉	
師瑧			師適		師俌					師侊	師晨	
			希溓	希溉	希舍	希金	希㑒	希侖	希畣	希訢	希鐩	希鎰
					與鉼	與鵬	與玢	與鏐	與瓃		與壥	與瑧
									孟潙			孟徛

										伯寅				
	師晃				師旻		師昌		師早	師葑			師姜	
希釜	希燁			希爚	希彥	希顏	希粲	希吾		希宸	希闓	希暶	希洛	希淖
	與芾	與旨	與亹			與濤				與纚				

						從義郎	子奭							
		伯忍					伯仁	伯傑						
	師美	師僎	師迫	師鐲	師增			師泓						
希洪		希邂						希芑	希苑					
								與霅	與邃			與邋	與蓬	與逄
								孟㤨	孟容	孟室	孟寴	孟儻		

伯俊														
師宗					師允					師禦	師丙	師喬		師負
希蕙	希茎	希叔			希鰌		希蘅				希壘	希蓀	希茵	
與玩		與瑯	與薹	與堌	與涌	與灌	與濺	與湢	與望				與鍋	
孟讚		孟請												

														修武郎
				子變	秉義郎	子秦							子爽	承節郎
			伯倫			伯洽						伯治		
師夷						師鎗					師鐮			
希芳	希湁					希蕘	希孛	希藻	希藁	希芃				
與遞	與迭	與沇				與㫼								

令坙														
子方	忠訓郎	子言	從義郎	子立										
		伯源		伯湡										
				師侹					師倘					師儀
				希昊	希溜	希靖	希費		希軸	希暐	希憲	希曛	希曕	
					與現		與惻	與懍		與倅				

										武翊郎令夼				
								承信郎子京		忠訓郎子琪				
					伯潚	伯漣				伯友				
師侈		師佪								師綜		師給	師緯	
	希[illegible]	希鏝	希鉆	希鉿	希釙								希㣉	希[illegible]
			與瑽		與瑤								與梐	

							永清軍節度觀察留後、清源郡公惟和
							襄陽侯從誨
							汧陽侯世遠
			保義郎令減		保義郎令兗		太子右監門率府率令琛
保義郎子乂			子齊	子卞			
伯巇			伯逹				
師緘	師繂	師緝					
希鑿	希溦	希傷					
與楕							

贈馮翊	侯令甲													
贈左宣	奉大夫	子櫪												
		伯鼎												
		師勰	師亥											
		希昇	希宲									希勴	希振	
			與瀍				與忠			與勵	與操		與焴	
			孟辯				孟懿	孟裕	孟閎				孟墹	孟垌
			由鐿	由銓	由鎔	由錄		由玥					由銳	

富水侯世儀

太子右內率府

武經大夫子樸

伯蒙　伯謙

與玐　與珩　與悳　與蠡　與芃

孟址　孟權　孟垩　孟坶　孟堝　孟隉　孟墊　孟壉　孟塑

副率令閥
贈右屯衛大將軍令晃
贈右屯衛大將軍令收
贈右太中大夫令組

從事郎子權
封天水縣開國男子厚

伯申
伯召

師瀛

希札

與謟

									朝奉郎子木			贈朝散郎子惠		
					伯方		伯侚		伯野			伯山	伯崧	伯巘
			師阮		師瀊				師張			師荅		師服
			希楒	希概	希湀	希埻			希雄	希遃				希岯
與記	與諃	與訥		與熆					與綸					與汴
									孟琈					

									伯孚					
				師張〔三〕				師敎	師穎					
		希岩				希逜	希逵		希采	希銕			希噭	希鐩
與涔	與渝	與繽	與練		與緒		與絅			與壠	與泓			
											孟鼒	孟薆		

信王世	開	太子右							
贈少卿、	簡國公	令戈	嘉州防禦使令	瓢	宣義郎	令僨			
子柄	朝議大夫子樗	朝散大夫子棫	子櫪	左班殿直子樟	左班殿直子稷				
伯盒	伯夔								
師煥									
希增	希墿								
與邁	與蘧								
孟清									
由福									

宣城郡公從審			
內率府副率世統	金州觀察使世英		
太子右內率府副率令銓	太子右內率府副率令冒	贈安康侯令駈	
三班奉直子約	忠訓郎子純		
伯祿			

							武節郎子絅	秉義郎子經					
伯[illegible]						伯禧			伯禔	伯褚			
師帥					師曇					師綦			師璹
希德										希伷	希傖	希傁	希澶
與週	與參	與迉	與[illegible]	與洵						與遽			
孟豫		孟缶								孟析			

				贈高密侯令纘				
宣敎郎子紘			左朝奉郎子繩	三班奉職子修	左侍禁子玉	左侍禁子語	右侍禁子嚴	左班殿
伯祥			伯祜					
師論	師訢							
希蓉	希寓	希淥						

左武衛大將軍世堅		
	直子瞻	
	武翼郎子善	
	成忠郎子諸	
	承節郎子正	伯福
		伯壽
		伯禱
	承節郎子文	
	子珪	

右武衛大將軍世及		右領軍衛大將軍世卿	安陸侯世肱				
贈南康侯令在			贈河內侯令課				
左班殿直子高	忠翊郎子珍		三班奉職子琦	子沅	左侍禁子仁		
					伯豐	伯晉	伯賁

伯普	伯毅					伯穀								
	師昇	師鯉	師奇	師侯	師參	師馮								
					希彊	希霖						希曜		
					與鏞	與玐	與犇			與摹	與複	與建	與廻	與[illegible]
					孟諿		孟灩	孟潷	孟冲	孟縱	孟烒			

			師騋										師騰	
		希籛	希出		希賓				希臨	希流	希矼		希玞	
與濴	與邏		與鎮	與鉽	與瓚	與鉛	與銛	與談			與釬	與鐩	與鏐	
													孟僴	孟發

										伯穀				
								師騄	師驩	師華				
		希琤				希琗				希倓				
	與鑚	與鍒	與廙	與檽	與鍍					與職	與馭			
孟俊	孟伳									孟櫪	孟珪	孟墼	孟逮	孟墜

師了

希㑶　希偭　希憬　希傻　希恫　希悰　希㥫　希惀

與淥　與灕　與垛　與埥　與塎　與遲　與朴　與湟　與溭　與靄　與溥

孟鐳　孟鑇

贈武義大夫子													
			伯殻										
	師機		師梓	師牧					師商	師孫			
			希佪						希馳		希惿	希憧	
		與滵	與澰		與檜	與樼	與檘	與檯	與挻				與濽
		孟忡	孟[禾僉]										

孚	再贈中	大夫子	溫											
			伯耆											伯耇
			師銖		師鎬		師銘							師揚
			希嶽	希崧	希豈	希岺	希嵱			希嵋	希峋	希崝	希峮	希遻
			與鋘	與佃			與轢	與軓	與轃	與轐			與輹	
			孟溓	孟漑										

		伯秀	伯欣										伯叟	
			師爌	師熜		師焞	師烓				師炬		師峴	
希逭			希嵰	希峎	希嶢		希峨	希[山直]	希[山栗]	希岫	希[山凡]	希浮	希墌	希攘
與璾	與倸													

太子右內率府副率令繒	贈高密侯令彊									
子澤	子偃	子羕	左班殿直子植	忠訓郎子松						
師垃										
希𡏹	希堲	希圢								
與鏖	與塺									

							贈咸德侯令駸			
忠翊郎子權							右班殿直子善	右侍禁子兼	子華	忠翊郎子矣
伯忝	伯愈	伯悆								
	師璿	師瑢			師玑	師璽				
	希滄	希鍑		希鐔						
		與濿	與沘							

北海郡公世褘					
太子右內率府副率令宿	贈少師令僉				
子萃	子宰	修武郎子革		三班奉職子莘	朝散郎
		伯修	伯丁	伯同	伯安

子迪								再贈銀青光祿大夫子畫						
伯懷												伯竞	伯暘	伯昂
師窼	師鏜												師韓	師展
希敍	希幵	希芫	希欅			希僐								希澟
			與潒	與濛	與穟	與浶	與潏	與滋						與稊
														孟賚

										子萃	子問	子莊	成忠郎	
							伯量							
							師澂							
	希瀞			希漳		希瀎	希洞	希祫	希禘	希禩				
與𥟅	與穦			與稘	與穰	與𥞊								
	孟彗	孟戭	孟敷											

子簡					
保義郎子援					
贈武德郎子中	伯曈				
	伯石	師柳	希泇	與巽	
		師嘉	希牨	與膳	孟湇
	伯杲	師莆	希余		
			希企		
	伯璪	師奐			
		師裴			
		師覺	希泊		
			希波		
			希漻		
成忠郎					

			贈右屯衞大將軍令每					
子郁	秉義郎子鄰	保義郎子重	西頭供奉官子琉	秉義郎子苑	武經郎子尺			
	伯曖				伯亶	伯顒		
					師項	師鼇	師纓	
							希韜	
							與秕	與稞

														成忠郎
												伯灦	伯穎	
	師仲	師紳			師藎									
希眞		希儦	希徽		希綜		希銄		希鋙	希鎦				
與訴		與埼	與礤	與磁	與兖	與沓	與神	與櫺		與粟	與禁			

								內殿承
子俊					保義郎	子奉	子劣	子厚
								從義郎
伯尃	伯芷							
	師⿱雨翟	師霙	師霅					
	希柄	希堪	希楠	希棫	希桐	希僾	希濱	希灈
					與⿰氵以		與玸	與淍

制
令詷
子振
伯俊
伯佾
承信郎子持
伯榮
伯明
師遵
師迎
師迹
子璋
子瑛
西頭供奉官令曆
左侍禁令滄
承信郎子樞
伯儆
師遜
希祲
與謕
與諦
孟瑀

								承信郎	子楹				秉義郎	子柄
					伯侊	伯充			伯元					伯坦
	師逨	師迻	師逥	師遵	師遲	師佀	師扔		師適					師濳
		希禧	希祓		希沛		希濳		希裀		希禥			希講
與誘					與諧				與誼	與𧩂	與絇	與娖		
孟軽									孟瑻					

				贈開府儀同三司子楝								
		伯瑭		伯奇	伯模		伯哥	伯公				
		師星			師俘	師侅		師瀍				師漄
希萃	希重	希烌	希炌					希玤	希瑨	希壚	希鋗	希𤩽
			與壏					與樠	與愖			

									馮翊侯	世捴				
					武德郎	令庠		令懻	馮翊侯	令譔				
						子靚	子覲		忠訓郎	子恣				
										伯達	伯迂			
		師浦		師瀍							師莅			
希瑦	希璬	希瑑	希邠								希燁		希逌	希熺
											與堲			與堝
											孟鍑	孟𥎊		孟鑼

右屯衛大將軍世仍		
太子右內率府副率令梶	贈博平侯令詛	東頭供奉官令檄
	左班殿直子侃	
師藻	師整	
希熣	希爍	
與堋	與洪	

校勘記

〔一〕伯樅　師璐　按本表上文「子昉」房已有伯樅子師璐，疑當有重複。

〔二〕師張　按上文「子木」房有一師張，有一子名希逌；此處又有師張，一子希逌，疑當有重複。